SUPERNANNY
by Jo Frost
Copyright ⓒ 2005 Channel 4
All rights reserved.

Korean translation copyright ⓒ 2006 by Mago Books Co.
Korean translation rights arranged with Hodder and Stoughton Limited
through EYA(Eric Yang Agency).

이 책의 한국어판 저작권은 EYA(Eric Yang Agency)를 통해
Hodder and Stoughton Limited사와 독점계약한 마고북스에 있습니다.
저작권법에 의해 한국 내에서 보호를 받는 저작물이므로 무단전재와 무단복제를 금합니다.

아이버릇 명쾌하게 잡아주는
슈퍼내니 따라하기

조 프로스트 지음 | 오혜경 옮김

마고북스

 # 되풀이되는 문제에서 빠져 나오기를 열망하는 부모님들께

　얼마 전 어린 여자 아이 둘을 데리고 공원에 간 날의 이야기다. 더운 날이어서 아이들의 머리를 햇볕에서 보호하기 위해 스카프를 씌워 주었다. 한참 놀고 있는데 한 여성이 내게 다가왔다. "어떻게 하면 그럴 수 있지요? 어떻게 아이들이 스카프를 그대로 쓰고 있게 할 수 있어요?" 그녀는 감탄하며 물었다. 나는 그 여성을 바라보면서 목소리를 낮춰 속삭였다. "강력접착제지요. 이마에 줄만 살짝 생길 뿐이랍니다." 그 여자의 얼굴에 떠오른 표정으로 보아서 한순간이나마 그녀는 내 말을 액면 그대로 믿었던 것 같다. 그 여자는 이내 내가 농담을 하고 있다는 것을 깨달았지만 말이다!

　물론 당신은 이 책에서 강력접착제를 사용하는 것 같은 테크닉은 찾을 수 없을 것이다. 대신 만 다섯 살 미만의 아이들을 둔 부모들이 일상적으로 부딪히게 되는 문제와 도전들을 해결하는 상식적인 방법들을 만나게 될 것이다.

　내가 그런 방법들을 고안해 낸 것은 아니다. 나는 누구라도 가슴에 손을 얹고 자신이 그러한 방법들을 처음부터 끝까지 만들어 냈다고 주장할 수는 없을 것이라고 생각한다. 나는 대체로 본능을 따랐으며 어떤 방법이 효과가 있고 어떤 방법이 쓸모가 없는지 알아내기 위해서 수많은 부모와 아이들을 관찰했다. 예를 들어서 내가 '참여 테크닉'이라고 부르는 방법은 많은 부모들이 아이들을 돌보면서 집안일을 마쳐야 할 때 본능적으로 사용했던 방법이다. 아이에게 자신의 행동에 대해서 되돌아보게 함으로써 규칙을 지키게 하는 방법인 '심술자리 테크닉'은 아마도 계단과 방구석이 존재할 때부터 있어 왔을 것이다.

나는 어느 날 아침에 일어나서 아이들을 돌보는 사람이 되겠다고 결심하지는 않았지만 살다 보니 어떤 부름을 받은 것처럼 보모가 되어 있었다.

나는 다양한 사람들을 만나는 일을 즐기며 아이들을 사랑한다. 우리 부모님은 내가 어렸을 때 정말 수다쟁이였다고 즐겨 말씀하시는데 그 이후로도 나는 전혀 변하지 않은 것 같다! 우리 부모님은 휴가지에서도 늘 내가 낯선 아이들과 먼저 친구가 되었기 때문에 그들의 부모를 소개받곤 했다. 보모로서 첫 고정직은 서점의 광고판에 붙어 있는 구인광고에 응해서 얻게 되었다.

15년이 지난 지금 나는 풍부한 실무경험을 갖게 되었다. 나는 고정 보모, 임시 보모, 해결사 보모로 일해 왔다. 여러 가족과 휴가 여행을 가고 그들을 따라 이사도 하고 심지어는 그들과 함께 대륙을 옮겨 다니기도 했다. 생후 몇 시간이 지난 아이부터 열네 살이 된 아이까지 돌본 경험이 있다. 새벽 두 시에 걱정에 싸인 부모들이나 내가 함께했던 가족들의 친구들에게서 걸려 오는 전화를 셀 수 없이 많이 받았다. 텔레비전 프로그램 〈슈퍼내니〉의 첫 시리즈가 방영된 후로는 프로그램에서 소개한 테크닉을 사용해 보고 얼마나 큰 변화가 있었는지 내게 말해 주고 싶어 하는, 내가 한 번도 만나 보지 못한 사람들에게서 쏟아진 온갖 반응과 편지에 놀라기도 했다. 그런 사람들에게 이야기를 듣고 긍정적인 피드백을 받는 것은 정말 멋진 경험이다.

그런 편지들 중에는 내가 부모가 아니라는 사실을 지적하는 내용도 있다. 그건 사실이다. 하지만 그렇기 때문에 나는 대부분의 부모들이 느끼는 강렬한 정서적 집착으로부터 자유로울 수 있다.

내가 부모들과 크게 다른 점은, 모든 단계에 있는 온갖 아이들을 돌본 다년간의 경험을 갖고 있기 때문에 처음으로 도전받는 것이 아니라는 사실이다. 나는 젖 떼기, 배변훈련, 이가 나는 경험, 분노의 폭발, 학교에 가는 첫날 등을 겪는 아이들을 보았다. 그러면서 나는 아이들의 행동을 관찰하고, 다른 사람들이 육아문제로 고민하는 이야기를 들었으며, 무엇보다도 중요하게 나 자신의 본능에 귀를 기울였다.

아주 일찍부터 나는 보모의 역할이 단순히 아이를 돌보고 의무만 완수하면 되는 것이 아니라는 사실을 깨달았다. 어떤 의미에서 보모는 아이와 부모의 가교 역할을 한다. 보모는 가족이 어떻게 기능하는지 관찰할 수 있는 독특한 입장에 놓이게 된다. 가족의 행태는 모든 것이 긴밀하게 연결되어 있다는 점에서 언제나 나를 매료시키는 역동성이 있다. 당신이 감정에 휩쓸리지 않는 객관적인 입장에 선다면 그런 관계의 역동성이 분명히 보일 것이다. 문제는 많은 부모들이 어려움에 직면했을 때는 너무나 감정적으로 개입되어 있어서 큰 그림을 보기가 어렵다는 것이다.

이 책은 부모들이 한 걸음 물러서서 큰 그림을 볼 수 있도록 도와주는 매개체가 될 것이다. 대체로 부모들은 스스로도 의식하지 못하는 사이에 악순환의 함정에 빠져 든다. 〈슈퍼내니〉에서 내가 하는 일이 부모들로 하여금 바로 그런 되풀이되는 문제에서 빠져 나오도록 도움을 주는 것이다.

나는 '나쁜' 아이란 없다고 생각한다. 모든 아이들은 일반적으로 기대되는 바람직한 행동을 할 수 있는 잠재력을 가지고 있다고 믿는다. 나이에 어울리지 않게 점잖 빼는 아이를 의미하는 것이 아니다. 제 나이에 허용되는 행동의 한계가 어디까지인지 알지만 동시에 개성을 지닌 행복하고 편안한 아이가 될 수 있는 잠재력을 의미하는 것이다.

나는 온갖 사건들을 체험하면서 아이에게는 반드시 행동의 경계가 필요하다고 확신하게 되었다. 그리고 경계를 확실히 지키려면 어른의 지도에 따른 버릇 들이기가 필요하다고 믿는다. 여기에서 버릇 들이기란 엄격한 처벌을 의미하는 것이 아니다. 그 핵심은 오히려 칭찬이다. 동시에 규칙을 세우고 그 규칙을 공정하고 단호한 통제를 통해서 뒷받침하는 것을 의미한다.

많은 부모들이 자녀를 지도하고 버릇 들이는 일에 어려움을 느낀다. 아이가 자신을 더 이상 사랑하지 않게 될까 봐 두려워서 그럴 수도 있다. 하지만 그것을 포기하면 아직 그럴 만한 통제력이 갖춰지지 않은 아이에게 지나친 권한을 쥐어 주는 결과가 된다. 몸에 맞지 않는 권한을 쥐게 된 아이는 혼돈을 느끼고 불행해진다.

당신이 그저 수표를 입금하러 은행에 들어섰을 뿐인데 매니저의 역할을 하라는 지시를 받았다고 상상해 보라. 그 자리에 올라갈 때까지 필요한 수련을 쌓지 않은 상태에서 당신은 도대체 무슨 일을 해야 할지 갈피를 잡지 못할 것이다. 아이들도 마찬가지다. 걸맞지 않은 주도권을 쥐게 된 아이는 오히려 방치되었다는 느낌을 받는다.

나는 안정적이고 애정 어린 보살핌을 받았다. 나는 자신에 대한 믿음을 길러 주시고 내가 세상의 주인공임을 알려 주시는 부모님을 만나는 축복을 누렸다. 어머니는 내게 영감을 주는 분이셨다. 그분은 내가 무엇인가를 배우고 있다는 사실을 깨닫지도 못하는 사이에 많은 것을 배우게 해 주셨다. 아버지는 세상이 내게 어떤 해도 끼칠 수 없다는 안전한 느낌을 갖게 해 주셨다. 그렇지만 우리 부모님은 또한 기준을 강조하셨고 우리가 서로에게나 다른 사람들을 대할 때 예절과 존중하는 마음을 가지고 대할 것을 강조하셨다. 동시에 그분들은 나도 다른 모든 아이들처럼 세상 모르고 흙투성이가 된 채 재미있게 놀 수 있게 해 주셨다.

오늘날 부모 노릇은 참 어렵다. 사회가 변했다. 내가 어렸을 때는 남동생과 함께 공원에 가도 부모님은 그다지 걱정하지 않으셨다. 우리가 살던 동네에서는 사람들이 문을 잠그지도 않고 살았다. 요즘은 부모들의 걱정이 끊일 새가 없다. 대중매체들은 매일같이 아이들에게 위험하고 유해한 것들에 대한 공포스러운 이야기들을 전한다. 사람들은 어떻게 대처해야 할지 점점 혼란스럽기만 하다. 또 한편으로는 부모 노릇이 점점 경쟁적으로 변하고 있다. 다른 부모들이 당신 귀에 대고 끊임없이 자기 아이가 얼마나 진도가 빠르고 의젓한지 자랑해 대는데 느긋하게 자신의 본능만 믿고 있기는 어렵다.

과거에는 도움을 주고 지원과 조언을 제공할 만한 조부모나 친척이 가까이 살았다. 오늘날의 많은 부모들에게는 이러한 전통적인 지원 체계가 거의 없다. 부모가 둘 다 일할 경우에는 더욱 고립되고 스트레스를 받게 된다는 뜻이기도 하다. 편부나 편모가 아이를 키운다면 더 어렵다. '부모의 대화'(Parent Talk)라는 단체가 영국 가정을 대상으로 최근에 실시한 조사에 따르면 설문에 응한 부모들 중 3분의 1이 자신들을 실패한 부모라고 여기고 있었다. 참으로 안타까운 현실이다.

어떤 사람들은 오리가 물에 들어가듯이 자연스럽게 부모 역할을 해낸다. 어떤 사람들은 그렇지 못하다. 그런 사람들에게는 부모 역할도 배우고 이해하고 연습해야 하는 또 하나의 일이다. 당신이 더 많이 알고, 더 많이 읽고, 사람들과 이야기를 나눌수록 당신은 자신을 더 믿게 되고 두 다리로 굳게 서서 스스로 선택할 수 있게 될 것이다. 자신감을 가져야 한다. 자녀를 어떻게 양육할 것인가는 당신의 선택이다. 당신에게 달려 있는 것이다.

아이를 양육하는 일은 당신이 맡게 될 모든 역할들 중에서 가장 중요한 것이다. 당신은 아이에게 문자 그대로 인생의 튼튼한 토대를 쌓아 주어야 한다. 그러나 그 일이 꼭 어렵고 힘겨울 이유는 없다. 부모 노릇은 즐거움이 될 수 있고 또 그래야 한다.

〈슈퍼내니〉 프로그램에 참여할 기회가 찾아왔을 때 나는 그것을 내가 확신하는 아이디어와 메시지들을 사람들에게 이해시킬 수 있는 기회라고 받아들였다. 우리는 한 편모에게 네 자녀를 어떻게 통제할 것인지 알려 주는 파일럿 프로그램을 제작했다. 우리는 버릇 들이기와 지도하기, 칭찬하기에 관한 테크닉들을 함께 고안했고 그것들은 효과가 있었다. 그 결과 엄마는 만족스러워했고 네 아이는 행복해지고 보다 말을 잘 듣게 되었으며 두 주일 후에 나는 텔레비전 시리즈를 맡게 되었다.

그 후로 〈슈퍼내니〉는 내가 여러 가정과 일하면서 배운 경험과 교훈들을 함께 나눌 수 있는 훌륭한 기회가 되었다.

여러분이 여러분의 어린 자녀들과 함께하는, 두 번 다시 되돌아오지 않을 이 귀중한 시간을 즐길 수 있게 되길 진심으로 바란다.

슈퍼내니의 10가지 으뜸 원칙

아이들을 다룰 때 내가 가장 중요하게 여기는 10가지 원칙이다. 이론이 아니라 오랜 시간의 관찰과 경험에서 나온 이 10가지 원칙은 2부에서 구체적 상황에 맞추어 다시 설명한다.

1. 칭찬이라는 상을 줘라   아이들에게 최고의 상은 관심과 칭찬과 사랑이다. 상으로 사탕, 특별한 선물, 장난감 따위를 꼭 주어야 하는 것은 아니다. 스티커북에 별을 모으는 것이나 특별한 외출도 아이들의 바람직한 행동을 이끌어내고 지지해 줄 수 있다.

2. 일관성을 유지하라   일단 규칙을 세웠으면 시끄러운 것을 피하려고, 또는 당신이 사람들 앞에서 창피하다고 규칙을 바꾸는 일이 없어야 한다. 배우자를 포함해서 아이를 돌보는 모든 사람이 동일한 규칙을 따라야 한다. '규칙은 규칙' 이라는 사실이 최우선 규칙이 되어야 한다.

3. 일과표를 만들어서 지켜라   가정을 기본 질서 안에서 운영하고 정해진 일과를 유지하도록 한다. 언제 일어나고 밥을 먹고 목욕하고 잠자리에 들어야 할지 등은 가정생활의 토대를 이룬다. 일과가 어느 정도 틀이 잡히면 휴가 같은 때는 약간 융통성을 발휘할 수도 있다. 일과는 하나의 잘 짜여진 틀이어야 하지만 그것이 꼭 경직된 틀일 필요는 없다.

4. 허용되는 경계를 설정하라   아이들은 자신에게 허용되는 행동에 한계가 있음을 알 필요가 있다. 즉, 어떤 행동은 용납될 수 있고 어떤 행동은 그렇지 못한지 알아야 한다. 당신은 규칙을 정해 주어야 하며 당신이 기대하는 바가 어떤 것인지 이야기해 주어야 한다.

5. 단호하고 공정하게 통제하라   아이들은 훈육을 통해서만 자신에게 주어진 경계선을 지킬 수 있다. 훈육이란 단호하고 공정한 통제를 의미한다. 당신은 권위가 실린 목소리와 경고만으로도 아이들에게 충분히 메시지를 전달할 수 있을 것이다. 그러나 그것이 잘 먹히지 않을 경우, 벌을 주지 않고도 당신이 효과적으로 사용할 수 있는 여러 가지 테크닉들이 있다. 그것은 나중에 보여 주겠다.

6. **예고와 경고를 잊지 말아라** 경고에는 두 가지 종류가 있다. 하나는 아이나 당신이 혹은 아이와 당신이 다음에 무엇을 할 것인지 말해 주는 예고성 경고다. 이때 당신은 곧 목욕시간이 된다든지 점심을 먹기 위해서 식탁에 앉을 때가 가까워 왔다고 알려 주는, 말하는 시계 역할을 하는 것이다. 다른 종류의 경고는 나쁜 행동에 대한 경고다. 그러한 경고는 좀 더 강한 조처를 취하기 전에 아이에게 스스로 행동을 바로잡을 수 있는 기회를 준다.

7. **구체적으로 설명하라** 어린아이는 구체적으로 말해 주지 않으면 부모가 자신에게 어떻게 행동하기를 바라는지 이해하지 못한다. 메시지를 전달하기 위해서 보여 주고 말해 주라. 이치를 설득하려고 하거나 너무 복잡하게 설명하지 말고 분명한 사실만 말해 주는 것이 좋다. 당신이 아이를 야단칠 때는 아이의 나이에 맞는 방법으로 그 이유를 설명해 주어야 한다. 아이에게 왜 자신이 야단맞게 되었는지 이해하느냐고 물어 봄으로써 메시지가 확실히 전달되도록 한다.

8. **절대 흥분하지 말아라** 평정을 잃지 말아야 한다. 당신은 부모로서 주도권을 쥐고 있다. 아이가 분노를 폭발시킨다고 해서 당신도 분노를 보이거나 고함에 대해서 맞고함으로 반응하지 않아야 한다. 여기서 어른은 당신이다. 아이들이 당신을 흥분시키지 못하게 하자.

9. **성취감을 주는 활동에 참여시켜라** 아동기의 모든 목표는 성장을 향한다. 아이가 마음껏 성장할 수 있게 해 주어야 한다. 아이의 자신감을 북돋워 주고 필요한 인생 기술과 사회적 기술을 배울 수 있도록 작고 성취 가능한 일에 도전하게 한다. 가정생활에 아이를 참여시켜라. 그렇지만 당신의 기대 수준을 적당히 조절하여 아이가 실패할 상황을 만들지 않도록 한다.

10. **긴장을 풀고 좋은 시간을 보내라** 편안하고 좋은 시간을 보내는 것은 아이는 물론이고 모든 가족 구성원에게 중요하다. 당신과 배우자, 다른 자녀도 개별적인 관심을 받을 수 있는 좋은 시간을 갖도록 애써 보자.

아이버릇 명쾌하게 잡아주는
슈퍼내니 따라하기

머리말
되풀이되는 문제에서 빠져 나오기를 열망하는 부모님들께 4
슈퍼내니의 10가지 으뜸 원칙 10

① 좋은 습관의 틀을 잡아 주는 슈퍼내니 기본 테크닉

1. 발달단계에 대한 올바른 이해에서 출발한다 18
출생에서 6개월까지 : 오직 사랑받기 위해 태어난 존재 20
6개월에서 18개월까지 : 세상 탐험이 시작되다 24
18개월에서 만 세 살까지 : 화를 잘 내고 비논리적인 열정 덩어리 32
만 세 살에서 입학 전까지 : 자기통제력이 생기고 질문이 늘어난다 43

2. 일과와 규칙을 정해 생활리듬을 만든다 52
분주한 일상을 정리해 주는 일과표 54
명확하고 현실적인 규칙 만들기 61
다른 양육자들과 손발 맞추기 68
일상이 중단될 때 70

3. 적절한 경계 설정으로 자기통제력을 길러 준다　72
　　최적의 접근방법을 찾아서　75
　　아이들과 지혜롭게 대화하는 방법　77
　　갈등을 예방하는 회피전략　89
　　일석이조 참여 테크닉　92
　　그래도 단호한 대처가 필요할 때　95
　　열기를 식히는 심술자리 테크닉　98
　　마지막에 쓰는 격리 혹은 무관심 테크닉　103

② 일상의 문제를 해결하는 슈퍼내니 상세 테크닉

1. 마찰 없이 순조롭게 옷 입고 씻기　110
　　옷 고르기의 함정을 조심하라　113
　　혼자 옷을 입도록 간접 도움을 준다　116
　　지켜보고 도와주고 일과를 상기시켜라　122

　　슈퍼내니의 10가지 으뜸 원칙　126

문제상황과 해결방법
● 옷 입기와 벗기를 거부한다 118
● 까다롭게 옷을 고른다 120

2. 적기에 자연스럽게 대소변 가리기　128
　　아이가 준비되었는지 어떻게 알 수 있을까　130
　　대소변 가리기는 칭찬과 인정으로　132

　　슈퍼내니의 10가지 으뜸 원칙　144

문제상황과 해결방법
● 밤에 지속적으로 오줌을 싼다 140
● 대변을 지린다 142

3. 건강하고 반듯하게 식사하기 146

- 신생아의 식사 : 모유와 분유 그리고 물 149
- 모유를 먹일 때 : 충분한 수면과 건강한 식사 150
- 분유를 먹일 때 : 배우자와 교대하기 153
- 이유식 시작하기 : 한 번에 한 가지씩 155
- 젖 떼기 : 정서적 고비를 넘어서 159
- 유아의 식사 : 음식 전쟁에 말려들지 않기 162
- 식탁 예절 : 규칙과 참여로 해결하기 166

슈퍼내니의 10가지 으뜸 원칙 180

문제상황과 해결방법
- 입이 까다롭다 170
- 식탁에 앉아 있지 않는다 174
- 간식을 너무 많이 먹는다 176
- 식사예절이 엉망이다 178

4. 즐겁게 놀면서 사회성 키우기 182

- 놀이의 세계는 학습의 장 184
- 텔레비전은 얼마나 허용할까 194
- 즐거운 놀이를 위한 조언들 196
- 기타 행동에 관련된 문제들과 해결방법 202
- 두려움 없는 외출을 위해 새겨 두어야 할 것들 208

슈퍼내니의 10가지 으뜸 원칙 216

문제상황과 해결방법
- 싸우고 공격적으로 행동한다 198
- 파괴적으로 행동한다 200
- 칭얼거린다 203
- 지나치게 수줍어한다 204
- 두려움을 느낀다 206
- 장보기가 조마조마하다 210
- 자동차 여행이 지루하다 212
- 순식간에 달아난다 214

5. 아침까지 편히 자기 218

언제 잠자리에 들게 할 것인가 222
침대로 가는 카운트다운 225
여러 아이를 한꺼번에 재우기 228
일과가 중단될 때 229

슈퍼내니의 10가지 으뜸 원칙 246

문제상황과 해결방법

- 잠자리에 들기를 거부한다 221
- 혼자 자지 못한다 230
- 자다가 깬다 232
- 침대 밖으로 빠져 나온다 238
- 아이가 당신의 침대로 들어온다 240
- 무서운 꿈을 꾸고 어둠을 두려워한다 242
- 일찍 일어나서 돌아다닌다 244

6. 온 가족이 좋은 시간 함께 보내기 248

지원 네트워크 만들기 250
엄마 스스로를 돌보기 252
엄마, 아빠와의 일 대 일 시간 만들기 254
형제 간의 시샘에 대처하기 255

슈퍼내니의 10가지 으뜸 원칙 262

1

좋은 습관의 틀을 잡아 주는
슈퍼내니 기본 테크닉

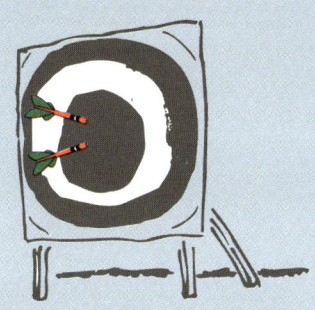

01 발달단계에 대한 올바른 이해에서 출발한다

영유아기의 처음 5년간은 신체적, 정신적, 정서적인 면에서 전방위적으로 급격한 변화가 일어나는 시기다. 우선, 신체적으로 나타나는 이정표는 식별하기 쉽다. 병원의 신생아실에서 집으로 데려온 사랑스러운 작은 꾸러미가 눈 깜짝할 사이에 일어나 앉고 기고 처음으로 뒤뚱거리는 발걸음을 떼어놓게 된다. 머지않아 아기는 침대의 난간을 기어오르고 모든 일에 끼어들기 시작한다.

한편, 아이의 머릿속에서 일어나는 사건들은 신체적인 변화보다는 눈에 훨씬 덜 띄지만 그에 못지않게 극적이다. 태어나서 만 5세가 될 때까지 아이는 세상을 이해하고 주변과 관계를 맺는 일에 있어서 엄청난 진보를 하게 될 것이다.

"제이미는 아직 못 걸어요? 몰리는 9개월에 걸었는데."

요즘의 육아가 엄청나게 경쟁적이라는 사실에 나까지 굳이 말을 보탤 필요는 없을 것이다. 이 장의 핵심의도는 당신의 아이가 특정한 '목표'에 도달하지 못했다고 해서 당신에게 불안감을 안겨 주거나 아이가 앞서 있다고 해서 당신에게 만족감을 주려는 것이 아니다. 각 단계마다 당신이 아이에게 현실적으로 무엇을 기대할 수 있는지를 보여 주려는 것뿐이다. 또는 당신이 아이에게 기대해서는 안 될 것들을 보여 주려는 것이 더 중요한 의도라고도 할 수 있겠다.

아이가 하는 행동의 배후를 알게 되면 당신은 아이의 발달단계에 맞춰서 자신의 육아기술을 조정하는 데 도움을 받을 수 있을 것이다. 나는 아이들을 돌보는 일을 해 오면서 논리적인 대화를 따라가기에는 너무 어린 아이에게 '이치를 설명'하려고 하는 부모들을 많이 보았다. 그만한 결정을 할 능력이 거의 없는 유아에게 엄청난 범위의 선택사항을 주고 고르라고 하는 모습도 보아 왔다.

일단 아이가 말을 하기 시작하면 부모들은 자신이 자그마하고 변덕스러운 성인을 상대하고 있는 것이 아니라 아직도 세상을 기본적인 수준에서 밖에 파악하지 못하는 어린아이를 다루고 있다는 사실을 놀라울 정도로 빨리 망각한다. 우리가 6주 된 아기에게 일어서는 것을 기대하지 않듯이 두 살 난 아이가 자기 나이보다 두 배는 성숙한 아이가 갖추었음직한 사회적, 정신적 기술을 가지고 있으리라고 기대해서는 안 된다.

이 모든 사실은 당신이 아이를 돌보는 방법에 직접적인 영향을 미친다. 아이가 내면적으로나 외면적으로 어떻게 변화하며 자라는지 이해하는 것은 부모가 아이의 요구를 아이의 단계에 맞게 올바른 방법으로 충족시켜 주는 데 꼭 필요하다.

출생에서 6개월까지 : 오직 사랑받기 위해 태어난 존재

신생아는 자신을 안고 있는 사람이 엄마인지, 자기를 안고 있는 사람과 자신이 분리된 존재인지조차 아직 모른다. 그렇지만 아기는 당신의 얼굴 모습과 목소리와 자신이 안겨 있다는 느낌은 곧바로 감지한다. 아기는 자신의 필요를 누군가가 규칙적으로 충족시켜 주어야만 자신이 생존할 수 있음을 본능적으로 알기 때문이다. 그 누군가는 바로 당신이다.

아기는 엄마의 자궁 속에 있을 때도 소리를 들을 수 있다고 한다. 몇몇 연구결과들은 아기가 태어나는 순간부터 엄마의 목소리를 알아들을지도 모른다고 시사한다. 한편 엄마 쪽에서는 아기의 울음 소리를 파악하는 데 시간이 걸리며 그 울음의 뜻이 무엇인지 정확히 알아내는 데는 더 오랜 시간이 걸린다. 배가 고픈 것일까? 가스가 찼기 때문일까? 피곤한가? 어쨌든 아기의 울음이 효과가 있다는 사실만큼은 어떤 엄마도 부정할 수 없을 것이다. 아기의 울음은 그래야 하기 때문이다.

초기의 몇 달 동안은 학습이 가파른 곡선을 그리며 진행된다. 만약 첫아이라면 당신은 마치 롤러코스터를 타고 있는 것처럼 어떤 순간에는 연처럼 높이 나는 것 같다가 다음 순간에는 바다 밑바닥에 처박힌 듯한 느낌이 들기도 할 것이다. 그리고 무엇보다 거의 하루 종일 상당히 지쳐 있을 것이다. 때문에 이 단계에는 기저귀를 능숙하게 갈아 주는 방법을 터득하는 것보다 아기의 필요에 끊임없이 반응하면서 당신 자신의 욕구도 충족시키는 요령을 터득하는 것이 가장 중요하다.

너무 잘해 주면 버릇을 망칠지도 모른다는 우려는 아주 어린 아기에게는 해당되지 않는다. 당신의 어머니나 할머니가 알려 준 것과는 달리 당신의 아기는 '그 작은 손가락으로 당신을 휘두르기'에는 너무 어리다. 그런 즐거운 시기는 좀 더 지나야 닥친다! 아기가 울 때 응답을 한다고 해서 당신이 아이에게 '지는 것'이 아니다. 다만 부드럽고 애정 어린 관심을 주는 것이다. 당신이 그렇게 해 줄 때마다 아기는 앞으로도 자신의 요구가 충족될 것이라는 사실을 신뢰하는 방법을 배우게 된다.

생후 첫 4개월 동안은 아기를 오랫동안 울게 놓아 둔다고 해서 아기가 당신에게 편리한 시간까지 먹을 것을 좀 더 기다려야 한다는 사실을 배우지는 못한다. 한 번 더 안아 주는 것이 필요하지 않다는 사실도 배우지 못한다. 또한 다시 잠이 들어야 한다는 사실도 배우지 못한다. 대신 아기는 자신을 보살피는 사람이 주위에 아무도 없으며 그 사실에 대해서 자신이 어떻게 할 수 없다는 무력감만 배울 뿐이다.

같은 맥락에서 처음 몇 개월간은 버릇 들이기가 전혀 효과가 없다. 그렇다고 정해진 일과가 가져다주는 안정감이 아기에게 유익하지 않다는 뜻은 아니다. 처음 몇 주간은 먹고 잠자는 패턴에 거의 일관성이 없다. 3주에서 6주가 지나면 당신은 상황이 훨씬 더 예측 가능해진다는 사실을 발견하게 될 것이다. 당신이 2개월 된 아기에게 취침 일과를 강요할 수는 없지만 식사에 관한 일과는 손쉽게 설정해 줄 수 있다. 그것은 아기가 젖을 얼마나 먹는지 관찰하는 일에서부터 시작된다. 젖이나 우유를 먹이고 난 후에도 아기가 운다면 보통의 아기들보다 더 배고파하기 때문에 더 먹여야 할지도 모른다. 생후 3주에서 6주 사이에 아기가 점점 더 많이 먹게 되면서부터 대부분의 경우 2시간에서 4시간 간격으로 먹고 싶어 하는 패턴으로 굳어지게 된다.

여기서 당신은 선택할 수 있다. 그냥 흐름에 맡길 수도 있고 일과를 정하기 위해서 그러한 패턴을 활용할 수도 있다. 그건 당신이 선택할 문제다. 그러나 부모로서 당신은 스스로가 생각하는 것보다 실제로는 많은 통제권을 가지고 있음을 기억하도록 하자. 만약 아기가 매일 똑같은 시간에 먹기를 원하는 것 같은데 그 시간에 맞추려면 당신이 한밤중에 일어나야 한다고 가정해 보자. 그럴 때 당신은 아기에게 보통 때보다 조금 일찍 젖을 먹임으로써 당신이 견디기에 좀 더 편한 간격이 유지되도록 조절할 수 있다.

아기들은 젖을 먹이고 기저귀를 갈아 주고 목욕시키고 달래 주는 등 많은 신체적인 돌봄을 필요로 한다. 하지만 아기들에게는 자극도 필요하다. 아기는 아직 말은 못하지만 당신의 목소리를 듣거나 당신의 얼굴을 보고 싶어 한다. 계속해서 말을 걸어 주면 머지않아 아기는 최초의 미소로 당신에게 보답해 줄 것이다. 또 그로부터 얼마 지나지 않아서 아기는 당신이 내는 소리를 흉내 내면서 '옹알이'로 대답하게 될 것이다.

신생아들이 정말로 좋아하는 것

뽀뽀 많이 해 주기
껴안아 주고 안아 주고 등을 문질러 주거나 마사지해 주는 등 살갑게 신체적 접촉 해 주기
얼굴 바라보기 — 처음 몇 주간은 사람의 얼굴이 가장 좋은 장난감이다.
리듬을 타면서 흔들어 주기
음악과 엄마 목소리 들려 주기
상당히 가까운 거리에서 색채가 화려한 물건, 특히 움직이는 물건 보여 주기

이 시기를 여유 있게 보내려면

- 쉴 수 있는 기회는 놓치지 말고 쉬도록 하자. 아기가 잘 때는 엄마도 자 둔다.
- 가사 일이 순조롭게 돌아가도록 하되 완벽함을 기대하지는 않는다.
- 음식 만들기나 쇼핑 등에 도움을 받을 수 있도록 배우자, 친구, 친정어머니 그 외 누구의 도움이라도 동원하도록 하자.
- 당신의 배우자나 다른 자녀 등 중요한 사람들을 위해서 최소한 얼마간이라도 시간을 따로 내도록 하자. 야속함이나 질투의 감정은 싹틀 때 잘라 버리는 것이 좋다.
- 목욕시키기, 트림시키기, 기저귀 갈기 등 아기 돌보는 일을 가능하면 다른 사람과 나눠서 하자.
- 엄마도 다시 인간답게 지낼 수는 없을까. 자신을 소중히 다루자. 미용실에도 다녀오고.

6개월에서 18개월까지 : 세상 탐험이 시작되다

처음 6개월 사이에 엄청난 변화가 일어났다. 무력하기만 하던 갓난아기가 머리를 가누고 구르고 장난감을 움켜쥐고 미소를 짓거나 웃음을 터뜨리고 옹알이를 하며 엄마, 아빠, 언니, 오빠를 비롯한 여러 가족들의 얼굴을 알아볼 수 있게 된다. 처음으로 이유식을 먹게 될 것이며 컵으로 음료수를 마시게 될 것이다. 처음 일 년의 후반부에 아기는 정말로 세계를 탐험하기 시작한다. 이 시기에 신체적인 발달은 처음으로 뒤뚱거리는 발걸음을 떼어놓는 단계로 나아가게 된다. 첫걸음은 보통 첫돌 즈음에 시작되며 18개월이면 거의 대부분의 아이들이 걸을 수 있게 된다. 구르거나 길 수 있게 되어 기동력을 갖추면 당신의 아기는 더 이상 세상이 자기에게 다가오기를 기다리지 않는다. 아기는 스스로 다가가서 세상을 살펴볼 수 있는 것이다. 그리고 아기는 새로운 세상을 발견했을 때 대개는 그걸 입에 집어 넣으려고 한다. 당신이 미처 완료하지 않았다면 이제야말로 집 안을 안전하게 정비하고 위생에 특별히 신경을 쓰기 시작해야 한다.(47쪽 아이들의 활동지대 참조)

  당신의 아기는 하루가 다르게 좋고 싫음에 대한 취향과 개성을 지닌 '작은 사람'으로 커 간다. 먹이고 재우는 일은 이전에 비해 훨씬 수월해질 것이다. 그렇지 않다면 이 책의 여러 곳에서 소개하는 전략들을 선택해서 시도해 보도록 하자. 그렇지만 적어도 첫돌이 되기까지는 아직 어린 아기라는 사실을 잊어서는 안 된다. 아기가 울 때는 어떤 것이 필요하거나 어떤 것 때문에 화가 났다는 사실을 당신에게 알리고 싶어서다. 어쩌면 당신이 아기에게 "안 돼"라고 말했기 때문에 우는 건지도 모른다. 이 단계의 아기 역시 신생아처럼 너무 잘해 준다고 버릇이 나빠지지는 않는다.

이 월령의 아기들은 때로는 하지 말아야 할 일들을 한다. 아기는 선반 위에 놓인 컵을 잡아당길지도 모른다. 그 이유는 단순히 자기가 그렇게 할 수 있기 때문이거나, 또는 아무도 막지 않았기 때문이다. 아기는 당신을 화나게 하거나 반항하거나 또는 못되게 굴려고 선반 위에 놓인 컵을 잡아당기는 것이 아니다. 그저 그날의 탐색의 사명감이 아기를 그곳으로 이끌었을 뿐이다. '야, 부드럽고 파란 물건이네! 입에다 넣고 뭔지 알아봐야지. 어라, 꽤 무겁네! 그게 어디 갔지?'

당신은 10개월 된 아기에게 버릇을 가르칠 수는 없지만 어떤 일은 하면 안 된다고 경고는 할 수 있고, 또 해야 한다. "안 돼"라고 말하거나 만지지 말라고 경고할 때 단호하고 낮은 음성을 사용하는 것이다. 그리고 그 이유도 간단하게 설명해 줄 수 있다. "그건 뜨거워." 아이는 말의 뜻은 이해하지 못하지만 당신의 어조에는 반응할 것이다. 그렇게 함으로써 설명해 주는 습관을 들이게 되는데 이러한 습관은 아이가 자랄수록 더 중요해진다.

여러 의미에서 이 시기는 즐거운 단계다. 또 다른 면에서는 상당한 인내심을 요구하는 단계이기도 하다. 당신은 게임에서 한발 앞서 있어야 한다. 사태를 예상하고 미연에 조처를 취하려는 태도가 필요하다. 아기가 깨어 있는 동안에는 전보다 더 많이 움직이기 때문에 당신은 해야 할 일을 제대로 못하게 된다. 게다가 아기는 이전에 비해 더 오랜 시간 깨어 있다. 이 시간에 당신은 아기가 함께 놀아 주면서 더 많은 관심을 보여 주기를 원한다는 사실을 알게 될 것이다. 아기는 아직 혼자서 많은 것을 하지는 못하지만 충분한 자극을 받지 못할 때 지루해할 만큼은 자랐다. 장난감과 쳐다볼 물건들을 넉넉히 넣어서 아기를 플레이펜(유아용 놀이틀) 안에 가두어 두면 잠시 동안은 긴장을 해소할 수 있다. 그러나 당신이 화가 났거나 지쳤거나 아기가 운다고 해서 플레이펜이나 아기침대에 가두어 두는 것은 바람직하지 않다. 아기는 그것들을 부정적인 느낌과 연관시키게 될 것이다.

"그건 뜨거워" - 말뜻은 몰라도 아기는 엄마의 어조에 반응해요.

너의 거침없는 세상 탐험이 엄마를 괴롭게 하고
너의 눈부신 성장이 엄마를 즐겁게 한단다.

발달단계에 대한 올바른 이해에서 출발한다

놀라운 사건, 젖니가 나다

이 단계에서 지루함이 아기의 울음의 이유로 새롭게 등장하듯이 이가 나는 것도 아기가 우는 이유의 목록에 추가된다.

당신이 드디어 어느 정도 일과를 안정시키고 나서 한숨 돌리려고 하면 젖니라는 괴물이 나타나서 상황을 온통 뒤죽박죽으로 만들어 놓는다. 약 6개월쯤에 돋아나는 최초의 젖니는 부모에게나 아기에게나 놀라운 사건이다. 처음 젖니가 나는 소동을 치르고 나면 당신은 다음번에는 어떻게 그것을 알아볼 수 있을지 체득하게 되고 그런 과정이 되풀이된다.

일단 첫 이가 잇몸을 뚫고 나온 후에는 아이가 이가 나는 중인지, 아픈 건지, 아니면 그냥 기분이 나쁜 건지 구별하는 것이 중요하다. 만약 열이 많이 오르고 질병에 수반되는 증상들을 함께 보이면 지체하지 말고 의사에게 데려가야 한다. 아이가 그냥 짜증을 낼 뿐 별다른 증상을 안 보이면 아마 그냥 기분이 나쁜 것일 게다. 다음 쪽에 이가 날 때 수반되는 증후를 소개해 놓았다.

이가 날 때의 증후

뺨이 붉어진다. 붉은 기가 종종 가느다란 십자형으로 나타난다.

침을 흘린다.

어떤 물건이든 세게 깨문다.

잇몸에 작고 투명한 거품이 생긴다.

1도 정도 체온이 오른다. 체온이 더 오르면 의사에게 보이는 것이 좋다.

기저귀에서 보통 때보다 특유의 냄새가 더 난다.

기저귀 찬 곳에 발진이 생기기도 한다.

잇몸이 아파서 짜증을 내며 울고 밤에 깬다.

식욕이 약간 감퇴한다.

아기를 달래 주려면

- 아기에게 단단한 치아발육기를 준다. 얼려서 주면 더 도움이 될 수도 있다.
- 허브로 만든 치아발육 파우더를 잇몸에 발라 준다.
- 심하면 통증을 약화시키는 진정제를 준다.
- 많이 위로해 주고 공감해 준다.

애착과 분리불안은 성장의 증거

이 단계에서 나타나는 또 하나의 특성은 아기가 점점 더 엄마에게 애착을 느끼면서 다른 어떤 사람보다 엄마를 훨씬 좋아하게 되는 현상이다. 이러한 현상은 엄마가 방을 나가거나 심지어는 문 쪽으로 가기만 해도 싫어하거나 슬퍼하는 모습으로 나타난다. 아기는 엄마의 모습을 발견하는 순간 기분이 좋아지고 엄마가 시야에서 사라지는 순간 울기 시작한다. 아이에 따라서 집착하는 정도나 이 단계의 지속 기간은 다르지만 대체로 생후 9개월경 절정에 이른 다음 서서히 사라졌다가 18개월경에 다시 나타난다. '분리불안'이라고 불리는 이 현상은 아기가 이제 기억을 하고 어떤 상황들을 비교할 수 있을 만큼 자랐다는 표시라고 여겨진다. 아기는 잠깐 동안이라 할지라도 엄마가 자신을 떠난다는 사실을 알고 있으며, 지난번의 경험을 바탕으로 엄마가 사라지면 기분이 좋지 않다는 것을 알게 된다.

당신이 화장실에만 가려고 해도 아이가 울부짖는다면 당신의 인내심도 방광만큼이나 긴장을 느끼게 될 것이다. 만약 당신이 이 시기에 직장으로 되돌아가려고 계획했다면 발달단계상의 이 특정한 시기와 당신의 계획이 썩 잘 맞지는 않는다는 것을 발견하게 될 것이다.

분리불안을 완화하려면

병이 나거나 정서적으로 스트레스를 받고 있는 것은 아닌지 확인해야 한다. 아기들은 그런 이유 때문에도 엄마에게 매달릴 수 있다.
분리불안도 발달의 한 단계이며 조만간 지나갈 현상임을 받아들이는 마음가짐이 필요하다. 분리불안이 최악에 달하는 시점은 첫돌 이전이 될 것이다.

화를 내거나 덫에 갇혔다는 생각에 빠지지 말아야 한다. 압도당하거나 스트레스를 받는 느낌이 들기 시작하면 심호흡을 하는 것도 좋은 방법이다.
잠깐 방을 나가야 한다면 당신이 주위에 있다는 사실을 아기가 알 수 있도록 계속 이야기를 걸어 준다.
아기가 보고 있지 않을 때 사라지는 것은 좋지 않다.

이 시기에 다른 양육자에게 아기를 맡기게 된다면 아기가 우선 새로운 양육자와 익숙해지도록 시간을 주어야 한다. 그러면 아기가 안정을 찾는 데 도움이 될 것이다.
배우자에게 그는 잘못이 없으며 아기가 어느 한쪽 편을 들고 있는 것이 아님을 확실하게 알려 주어야 한다! 아기의 분리불안이 절정에 달할 때 아빠들은 소외감을 느낄 수 있다. 배우자도 이것이 지나가는 단계이며 도움을 줄 수 있는 다른 방법들이 있음을 알 필요가 있다.

나는 어린아이들과 까꿍놀이 하는 것을 좋아한다. 그 놀이는 아이의 눈에 보이지 않을 때도 대상이 그대로 있다는 사실을 가르쳐 주는 데 도움이 된다. 나는 머리 위로 홑이불을 뒤집어쓰거나 침대 위로 올라가서 이불로 몸 전체를 덮어 버린다. 좀 더 큰 아이들과 놀 때는 나 자신이 폴 다니엘즈(세계적으로 유명한 마술가, 엔터테이너 - 옮긴이)가 되어서 공을 컵 속에 감추는 놀이를 한다. 아이들이 까르르 웃을 수 있을 만큼 놀이가 재미있다면 아이들은 더 빨리 배울 것이다.

18개월에서 만 세 살까지 : 화를 잘 내고 비논리적인 열정 덩어리

아이가 첫걸음을 떼놓기 시작한 후에는 점점 더 흥미로운 국면으로 접어들게 된다. 아이는 나사(미 항공우주국)에서 발사한 탐사선처럼 기동력의 새로운 단계로 진입하게 될 것이다. 모든 물건들이 가지고 놀기에 더욱 재미있어지고 그 물건들을 뜯어 보는 일도 물론 재미있어진다. 완전한 대화를 나누려면 아직 좀 더 기다려야 하지만 18개월이 되면 몇 가지 알아들을 수 있는 말을 하기 시작한다. 그 말 중 하나는 다름 아닌 "싫어"일 것이다.

그러면 우리는 정말 재미있는 사태에 맞닥뜨리게 된다. 지금부터 만 3세까지 아이는 공식적으로 유아가 된다. 더 이상 아기는 아니지만 학교에 입학할 때쯤 가지게 될 신체적, 정신적, 사회적 기술은 아직 갖추지 못한 상태라는 뜻이다. 십 대처럼 유아도 중간에 끼어 있는 단계다. 그런 중간 단계는 좋기도 하지만 어렵기도 하다, 당신과 아이에게 모두.

이 시기에는 또 하나의 '최초'를 만나게 되는데 분노의 폭발이 그것이다. 세상이 탐험해 보기에 멋지고 놀라운 장소였던 이전 단계와는 달리 유아는 세상—그 세상에는 당신도 포함된다—이 자기가 원하는 것을 원하는 때 즉, 지금 당장 얻지 못하도록 방해하기도 한다는 사실을 재빨리 깨닫게 된다. 이제 새로운 신체적 자유를 확보하게 된 아이는 그것을 실험해 보고 싶어 근질거린다. 아이는 자신의 의지를 지닌 '작은 개인'이 된다는 것이 어떤 것인지 깨닫기 시작한다. 그런데 문제는 아이가 아직 '개인'이 되기에는 갖추지 못한 것이 많다는 사실이다. 그럴 만한 타당한 이유가 있다. 자기통제력을 갖추게 해 줄 뇌의 일부가 아직은 완전히 발달하지 않은 것이다. 아이는 독립성을 얻으려고 애쓰지만 아직도 당신에게 몹시 의존하고 있다.

유아가 빠르게 재잘거릴 수 있고 당신이 말하는 것을 이해하는 것처럼 보일지라도 아이의 마음은 당신과는 아주 다르게 작용하고 있다. 아무리 빨라도 만 두 살 반이 될 때까지는 아이가 이해하거나 실행할 수 없는 중요한 일들이 많이 있다.

'미운 세 살'로 상징되는 유아기는 그 안에 나름의 여러 단계를 포함한다. 대체로 만 두 살 전에 유아기라는 단계가 시작될 때 아이는 자신의 충동을 통제할 능력이 거의 없으며 자신의 무능력함이나 주변으로 인해서 종종 좌절하는 상황에 부딪히게 된다. 이 단계가 만 세 살 또는 조금 더 지나서 끝날 무렵이 되면 아이는 약간의 자기통제력을 기대할 수 있을 정도로 성숙하게 될 것이다. 대단한 통제력은 아니지만 그래도 약간의 통제력은 갖추게 된다.

유아기는 부모에게 큰 도전이다. 그렇지만 당신이 현명한 기대치를 가지고 접근한다면 반드시 괴로운 시기만은 아닐 수도 있다. 유아는 화를 잘 내고 비논리적이며 까다롭고 예측하기 어렵다. 그렇지만 아이들은 재미있고 사랑스러우며 열정적이고 생기가 넘친다. 즐길 수 있을 때 이 시기를 즐기는 것이 최선이다.

'변덕쟁이' 유아를 이해하기 위한 단서들

인내심은 유아가 가진 장점이 아니다. 더러는 잠시 기다릴 수 있는 유아도 있지만 대부분의 유아들은 단 일 분도 기다리지 못한다.
유아에게는 미리 계획하는 능력이 없다. 충동이 일어나면 바로 행동하며, 그 행동의 결과로 무슨 일이 일어날지, 어떤 기분이 들게 될지 전혀 예측하지 못한다.

유아는 스스로를 통제하지 못한다.
유아는 위험에 대한 개념이 없다.
유아의 기억력은 한정되어 있다. 그러니까 당신은 반복해서 이야기해 주어야 한다. 자꾸자꾸.

유아는 어떤 약속이 실행될 때까지는 약속이라는 것이 무엇인지 이해하지 못한다. 유아가 어떤 것을 원할 때는 그것을 즉시 손에 넣기 원한다는 것을 의미한다. 그럴 때 아이의 마음은 한 가지에 집중되어 있을 것이다. 따라서 당신은 아이와 협상을 할 수 없다. 당신이 원한다면 시도는 해 볼 수 있겠지만 어쨌든 아이에게 지고 말 것이다.

유아는 여러 가지 선택사항이 주어지는 상황에 대처하지 못한다. '이것이나 저것' 이 무슨 뜻인지 전혀 이해하지 못한다. 심지어 아이가 원한다고 말하는 것들 중에서 많은 것들이 서로 모순되기도 할 것이다. 아이는 신발을 신기를 원하면서 동시에 벗기를 원할 수도 있다.

유아는 자신의 행동이 다른 사람의 기분에 영향을 줄 수도 있다는 사실을 이해하지 못한다.
유아는 교대하는 것을 싫어한다. 당신이 "수지가 잠깐만 장난감을 가지고 놀게 해 주자"라고 말하면 아이는 장난감이 영원히 사라진다고 생각한다. 그리고 폭발하게 된다.
유아는 당신에게 인간으로서는 불가능할 정도의 관심을 보여 주기를 원하며, 하루에 24시간보다도 더 오랫동안 그런 관심을 받기를 원한다.

분명한 경계와 '더 큰 무엇'의 존재

설득, 애원, 타협, 협박, 그 어떤 것도 이 단계의 아이들에게는 먹히지 않는다. 이런 전략이 효과를 거두려면 아직은 아이에게 갖춰지지 않은 정신적 능력들이 필요하기 때문이다.

때문에 이 단계에서는 경계를 정해 주고, 단호하고 공정하게 통제하며, 일과를 설정해 주는 것이 효과적이다. 유아기에 들어서기가 무섭게 아이는 자기 마음대로 상황을 좌지우지하기 위해서 온갖 수단을 동원할 것이다. 때로는 아이가 왜 그러는지 도대체 이해할 수 없다는 느낌도 들 것이다. 아이가 놀이그룹에서 다른 유아를 떠미는 바람에 당신이 쥐구멍이라도 찾고 싶은 심정일 때 특히 그런 느낌이 처절하게 들 것이다. 그러나 아이는 악의를 품고 일부러 공격적으로 행동하는 것이 아니다. 아이는 자신의 느낌을 말로 풀 수 없기 때문에 신체적인 행동을 동원하는 것뿐이다.

그렇다고 당신이 양보하거나 외면하라는 뜻은 아니다. 또 아이가 아무리 지저분하고 시간을 소모하는 행동을 하더라도, 시간을 거꾸로 되돌려서 독립성을 얻으려는 모든 시도를 짓밟아야 한다는 뜻도 아니다. 이 시기에는 아이가 스스로 밥을 먹으려고 얼굴, 식탁, 바닥에 음식으로 칠을 하는 것은 문제가 되지 않는다. 그러나 아이가 소리 지르기, 발길질하기 등 유아의 모든 무기를 동원해서 집안을 발칵 뒤집어 놓고 자기 마음대로 하려고 한다면 그건 문제다. 아이에게 지금 필요한 것은 분명한 경계와, 자신이 휘두를 수 없는 더 큰 무엇인가가 있다는 느낌이다. 당신이 그 '더 큰 무엇'이 되어야 한다.

이 시기가 되면 일관성이 정말 중요해진다. 그 이전까지는 아이가 당신의 보살핌에서 어떤 차이점을 알아차렸더라도 그 차이를 자신에게 유리하게 활용하는 방법까지는 몰랐을 것이다. 그러나 이제는 '나눠서 지배한다'는 방법을 쓰면 한층 더 이익을 볼 수 있다는 사실을 알게 된다. 나눠서 지배하는 방법은 어린아이들이 습득하게 되는 최초의 조종전략 중 하나다. 아이들은 이걸 빨리도 배운다. 부모가 연합된 전선을 보여 주지 않거나 그날그날 기분에 따라서 분위기를 바꾼다면 아이는 마치 열추적 미사일처럼 당신 갑옷의 갈라진 틈새를 찾아내게 될 것이다.

좌절감에서 비롯되는 분노의 폭발

아마도 당신의 아이는 분노의 폭발이라고 알려진, 못 말리는 쇼를 적어도 한 번 이상 연출하고서야 유아기를 졸업할 것이다. 어떤 아이들은 분노를 더 자주 폭발시킨다. 그런 아이들의 도화선은 더 짧은 것처럼 보인다. 어쩌면 그냥 기질이 그런 건지도 모른다.

자신이 세상과 부딪혔는데 세상이 꿈쩍도 하지 않을 때 유아의 분노는 폭발한다. 여러 가지 다른 상황에 의해서 촉발되지만 근본 원인은 언제나 무엇인가에서 느끼는 좌절감이다. 자신이 어떤 일을 하고 싶은데 그럴 만한 기술이 아직 없기 때문에 그 일을 할 수 없음을 깨달았을 때나, 무엇인가가 자신이 기대했던 바와 다르게 나타났거나, 당신이 아이가 하고 싶어 하는 일을 중단시켰거나, 하고 싶지 않은 일을 하라고 시켰거나, 그도 아니면 그저 감정의 한계에 도달한 것일 수도 있다. 이유가 무엇이든 도화선에 불이 붙어서 모든 것이 폭발해 버린다.

거실 바닥에서 폭발하는 분노만으로도 충분히 고약하다. 그렇지만 슈퍼마켓이나 자동차, 친구네 집, 양가 부모님 앞……. 그리고 그보다 수백만 배 더 당신이 고통스러울 수 있는 어떤 장소에서도 아이의 분노는 폭발할 수 있다.

당신은 아이가 이 나이에 겪게 되는 좌절감을 최소화시켜 줄 수는 있지만 완전히 제거해 줄 수는 없다. 좌절감은 학습과정에 이미 포함되어 있으며, 이 단계의 아이는 그것을 배우도록 배선되어 있는 상태다. 경계 설정에 관한 장에(72쪽) 설명되어 있는 참여 테크닉이나 그와 유사한 테크닉들이 분노의 폭발을 저지하는 데 도움을 줄 수도 있다. 그러나 언제나 효과가 있을 것이라고 기대하지는 말라.

일단 아이의 분노가 폭발하기 시작했을 때 당신이 절대로 해서는 안 되는 일이 바로 아이에게 지는 것이다. 분노가 폭발했다고 해서 양보를 하면 점점 더 많이 분노를 폭발시키도록 확실하게 길을 열어 주는 셈이 되기 때문이다.

아이가 한껏 폭발하는 상태에 있을 때는 당신이나 아이나 모두 겁이 나게 된다. 아이는 말 그대로 '압도되어서' 분노의 감정에 절대적으로 휩싸이게 된다. 어떤 아이는 비명을 지르면서 뛰어다니고, 어떤 아이는 발길질을 하고 고함을 지르면서 바닥에 뒹굴기도 한다. 어떤 아이는 가구나 심지어는 당신에게 박치기를 할지도 모른다.

분노의 폭발에는 어떻게 대처할까

가장 먼저 할 일은 아이가 자신이나 다른 사람을 다치게 하거나 물건을 파손시킬 수 없도록 조처를 취하는 것이다.

침착함을 잃지 않도록 애써야 한다. 당신의 분노는 상황에 더욱 불을 붙일 뿐이다. 당신이 화를 참을 자신이 없다면 방을 나가는 것도 한 가지 방법이다. 당신이 분노로 맞대응하는 것이야말로 최악의 반응이다.

아이를 설득하려고 애쓰지 말라. 아이는 당신의 말을 들을 수 없다. 듣고 싶어 하지도 않는다. 어떤 아이들은 당신이 꽉 안아 주면 좀 더 빨리 분노에서 빠져 나온다. 하지만 어떤 아이들에게는 그런 행동이 오히려 사태를 더욱 악화시킨다.

일단 아이가 자신을 다치게 하거나 물건을 망가뜨리지 않을 것임이 확실해지면 방에서 나오도록 한다. 만약 좀 더 큰 유아들이 자신의 의사를 관철시키기 위해 반쯤은 고의적으로 분노를 폭발시킨 것이라면 관심을 완전히 거두는 것이 효력을 발휘할 수도 있다.

앞으로 전진하면서 들러붙는 유아

독립성에 대한 추구는 유아를 앞으로 전진시키는 강력한 과정이다. 동시에 아이는 놀라울 정도로 들러붙을 수도 있다. 이 시기에 아이는 당신에게서 쉽게 떨어지려 하지 않는다. 아이는 9개월짜리 아기처럼 당신이 방을 나갈 때마다 울부짖지는 않겠지만 당신이 멀리 가지 않는지 확인하고 싶어 하고 자신이 잘 모르는 사람과 함께 남겨 두면 싫어할 것이다.

당신이 방을 나갈 때마다 울지는 않더라도 아이는 당신이 자신을 베이비시터에게 맡겨 놓고 외출할 때면 울거나 소리를 지르고 소동을 일으킬 수 있다. 어떤 아이들은 너무나 심하게 반응하고 히스테리를 일으키기 때문에 부모들은 그 일을 다시 겪느니 아예 모든 사교생활을 포기해 버리기도 한다. 때로는 아이의 불안감이 부모에게 전이되어 부모 역시 자신들이 집을 나가 있으면 무슨 일이 일어날까 봐 지나치게 걱정하게 된다. 이에 대처하는 방법들을 소개한다.

아이가 지나치게 들러붙을 때는 어떻게 할까

아이가 잘 알고 좋아하는 베이비시터를 쓰도록 한다. 갑자기 낯선 사람을 데려오는 것은 좋지 않다.

당신이 떠나기 전에 아이가 베이비시터와 즐거운 놀이에 몰두할 수 있도록 외출 예정시간보다 조금 일찍 오도록 한다.

당신이 외출했다가 돌아올 것이라는 사실을 침착하게 설명해 준다.
아이에게 뽀뽀해 주고 껴안아 준 뒤 "이따 보자"라고 말한다.
신속하게 떠난다.

당신이 모퉁이를 돌 때쯤이면 아이의 눈물이 그칠 것임을 잊지 않도록 한다.
낮에도 놀이방이나 친구네 집에서 이 과정을 되풀이해 줌으로써 아이가 패턴을 알아차릴 수 있게 한다.

발달단계에 대한 올바른 이해에서 출발한다

배변훈련은 타이밍이 전부

배변훈련에 있어서는 타이밍이 모든 것이다. 너무 일찍 시작하는 것은 언제나 문제로 이어진다. 만 두 살이나 두 살 반까지는 배변훈련에 대해서 생각도 하지 말아야 하는 여러 가지 강력한 이유가 있다. 18개월 이전에는 아이에게 자신의 장과 방광을 통제할 수 있는 신체능력이 없다. 원인과 결과를 이해하게 되는 데는 그보다 시간이 더 걸린다. 아이가 신체적으로나 정신적으로 준비가 되었을 때는 배변훈련이 아주 쉽고 빠르게 이루어진다. 대개 만 2~3세 이전에는 그런 준비가 되어 있지 않을 것이다. 128쪽에 배변훈련의 방법을 소개해 놓았다.

만 세 살에서 입학 전까지 : 자기통제력이 생기고 질문이 늘어난다

유아 특유의 행동들은 만 세 살이 되었다고 해서 마술처럼 갑자기 사라지지는 않는다. 어떤 전문가들은 만 네 살까지를 유아기로 보기도 한다.

이 시기에는 자기통제력이 서서히 생겨나며, 아이가 좀 더 이성적으로 생각할 수 있게 되기 때문에 분노의 폭발이 다소 줄어들기는 하겠지만 완전히 사라지지는 않을 것이다. 성숙의 과정은 동생이 태어남으로써 차질을 빚기도 한다. 현명한 네 살짜리 아이는 갑자기 사라지고 다시 화를 잘 내는 유아가 되돌아오기도 한다.

그러나 만 세 살에서 다섯 살 사이의 어느 시점에서인가 유아기는 쇠퇴한다. 두뇌는 보다 발달한다. 자기통제력이 증가하며 충동적인 행동은 줄어든다. 아이는 생각하는 방법을 배우고, 다른 아이들과 그냥 나란히 있는 것이 아니라 함께 놀기 시작한다. 아이는 잠시 기다릴 수 있게 된다. 대체로 아이는 자신의 작은 세상에 덜 갇혀 있게 되고, 그 세상에는 다른 사람도 살고 있다는 사실을 깨닫기 시작한다.

이 나이는 끊임없이 질문이 이어지는 시기다. 언어의 발달에는 개인차가 있지만 만 세 살이 되면 많은 아이들이 자신의 의사를 상당히 분명하게 표현할 수 있게 된다. 만 두 살짜리 아이가 좋아하는 말이 "싫어!"라면 만 세 살짜리는 "왜?"라는 말을 좋아한다. 이 시기의 아이들은 질문을 많이 할 뿐 아니라 당신에게 도전하거나 대화에 끼어들기를 좋아한다. 그렇지만 완전한 추리능력은 아직 좀 더 기다려야 생긴다. 아이가 논리적인 토론이나 상세한 설명을 따라올 수 있을 것이라고 기대하는 것은 무리다. 만 세 살짜리가 자신이 원하는 대로 하고 싶을 때 "왜?"라고 한다면 그건 "싫어!"라는 말을 약간 세련되게 내놓은 것일 뿐이다. 이러한 사실은 당신이 아이에게 설명을 해 주었을 때 즉시 또 다른 "왜?"라는 질문으로 이어지면 분명해진다.

어린아이의 추리능력이라는 것이 그 정도이기 때문에 아이들은 진실과 허구, 사실과 환상을 구별해 내는 데 어려움을 겪는다. 아이의 머릿속에 떠오르는 생각은 그대로 진실이 되어 버린다. 만 네 살쯤 되면 '상상 속의 친구'가 난데없이 튀어나와서 한동안 함께 머물 수도 있다. 상상 속의 친구는 종종 아이와 비슷한 호불호의 취향을 가지고 있다. "빙키도 콩을 싫어해." 때로는 아이 자신이 어떤 잘못을 저질렀을 때 '빙키' 탓으로 돌리기도 한다.

지어낸 이야기, 거짓말, 상상 속의 친구 같은 것이 등장한다고 해서 당신의 아이가 거짓말쟁이로 자라고 있다는 뜻은 아니다. 그것은 발달의 정상적인 한 단계를 지나고 있으며 상상력이 과열되었다는 증거일 뿐이다. 아이와 직접적으로 맞부딪치거나 아이의 실제 감정을 부정하지 않으면서도 당신은 진실과 허구 사이의 차이점을 부드럽게 알려 줄 수 있다. 아이에게 진실을 말하는 것이 바람직하며 자신이 한 일에 대해서 다른 사람—그게 상상 속의 친구일지라도—을 탓하지 말고 언제나 책임을 지는 것이 옳다는 사실을 가르치도록 한다.

비로소 시작된 친구 사귀기

이 시기가 이전 시기와 구별되는 주된 특성은 다른 아이들과 놀 수 있게 된다는 점이다. 이전 시기의 유아들이 노는 것을 지켜보면 완전히 자기만의 세계에 빠져 있음을 알 수 있다. 잠시 동안 다른 아이 곁에서 만족스럽게 놀거나 다른 아이가 노는 모습을 지켜볼 수도 있지만 그렇다고 그 아이와 함께 놀고 있는 것은 아니다.

물론 만 세 살짜리 유아에게는 나눈다는 것이 자연스럽지 않다. 하지만 이 나이에 이르면 아이들은 다른 아이들과 함께 노는 것을 즐기기 시작하며, 당신은 그것을 기초로 무언가를 좀 더 쌓아 올릴 수 있게 된다. 또 만 네 살이 되면 아이들은 다른 사람도 자기처럼 감정을 가지고 있다는 사실을 더 잘 이해할 수 있게 된다. 이러한 현상은 점차 함께 하는 놀이라는 훨씬 더 성숙한 놀이형태로 발달한다.

만 다섯 살쯤 되면 아이는 자신이 엄마와 분리된 존재라는 생각조차 없었던 신생아 시기를 생각하면 믿어지지 않을 만큼 장족의 발전을 하게 될 것이다. 아이는 주위에 다른 사람들도 있다는 사실을 알게 될 뿐만 아니라 그 사람들의 감정을 배려할 수도 있게 된다.

아이는 규칙을 이해하며 따를 수 있게 된다. 교대할 줄도 알게 된다. 어느 정도까지는 자신의 행동을 통제할 수도 있다. 자신이 어떤 행동을 했을 때 무슨 일이 일어나게 될지 생각할 수 있게 된다. 당신이 아이에게 논리적으로 설명할 때 이해할 수 있게 된다. 5년 만에 이루어 낸 대단한 성과다. 하지만 아이는 이제 막 시작한 것에 불과하다.

이제 보니 너도 나처럼 생각하고
느끼는 존재였구나!
-친구의 발견

눈높이가 다른 아이들의 활동지대

당신의 어린 스턴트맨을 보호할 수 있는 가장 중요한 방법은 집을 유아에게 안전한 환경으로 바꾸는 것이다. 이 방법은 당신이 멀쩡한 정신을 유지할 수 있게 해 주는 덤도 보장해 준다. 당신의 집이 위험한 것들로 가득 차 있다면 당신은 아이에게서 한순간도 등을 돌릴 수 없을 것이다. 아이의 손이 미치는 곳에 귀중품이 놓여 있으면 당신은 긴장을 풀 수 없다. 장난감으로 두드리거나 주스를 엎질렀을 때 항구적인 손상을 입는 표면재가 집에 깔려 있어도 마찬가지다.

유아에게 완벽하게 안전한 집은 아마 장난감이 가득하고 벽에 누비천을 댄 독방과 비슷할 것이다. 하지만 그건 현실적이지도, 바람직하지도 않다. 아이는 자신의 환경을 소중히 다루는 법을 배워야 하며, 학령 전의 기간을 넘기기 위해서 당신이 아이의 수준으로 내려가서도 안 된다. 그러나 어느 정도의 회피전략은 필요하다. 그것은 불필요한 갈등을 피하고, 사고를 방지하는 데 도움이 되며, 수리하거나 대체하는 데 드는 돈이나 치우는 데 따르는 시간과 노력을 절약해 준다.

집 안을 살펴보면 분명히 사고를 초래할 만한 상황이 있을 것이다. 깨지기 쉬운 물건이 낮은 곳에 놓여 있기도 하고, 어린아이가 확 잡아당기고 싶다는 유혹을 느끼는 전선이 늘어져 있기도 하며, 세제와 화학약품들이 잠그지 않은 찬장 안에 들어 있기도 하다. 그렇지만 당신이 실제로 부모가 될 때까지는 유아의 마음이 얼마나 엉뚱하게 움직이는지 완벽하게 이해하지 못할 것이다. 무릎을 꿇고 아이의 눈높이에서 세상을 한번 둘러보면 어떨까.

예를 들면, 아이들은 대체로 열쇠에 매혹되는 단계를 거치게 된다. 열쇠는 자물쇠에 맞는다. 그런데 자물쇠는 어떻게 보면 콘센트처럼 보이기도 한다. 콘센트는 아이들의 손이 미치는 높이에 있다. 열쇠가 콘센트에도 들어가는지 한번 시험해 보자! 그래서 소켓 덮개가 발명된 것이다.

비디오 플레이어는 어떨까? 잼 바른 토스트를 그 구멍으로 넣어 보면 재미있지 않을까? 그렇다고 모든 아이들이 다 대담무쌍하거나 정신없이 파괴적인 것은 아니다. 그러나 아이들은 누구나 한 번쯤은 도저히 이해할 수 없는 짓을 하게 되며—적어도 어른의 눈으로 보면 도저히 이해할 수 없다—어떤 단계에 이르러서는 모든 아이들이 물건을 조각내고자 하는 충동을 물리치지 못하는 것처럼 보인다. 어린아이들은 넘치는 에너지와 새로 익힌 신체적 기술들을 비축하고 있지만 동시에 몸은 아직 불완전한 통제하에 있다. 자연히 사고도 나고 물건이 부서진다. 사는 게 다 그렇지 않겠는가.

무릎을 꿇고
아이의 눈높이에서
세상을 한번
둘러보세요!

열쇠는 자물쇠와 짝이다.
⇨ 자물쇠는 어떻게 보면 콘센트와 비슷하다.
⇨ 콘센트는 내 손이 미치는 높이에 있다.
⇨ 열쇠가 콘센트에도 들어가는지 어디 한번 시험해 보자!
— 아이의 눈높이

유아를 위한 안전대책, 무엇에 유의할까

유아는 어디든 올라가는 것을 좋아한다. 어떻게 내려올 것인지, 올라가면 떨어질 위험이 있고 떨어지면 다칠 것이라는 생각 따위는 전혀 하지 않는다. 아이들은 커튼을 타고 올라가기도 하고, 의자를 옮겨 놓고 사다리처럼 사용하기도 한다. 모든 재미있는 일은 자기네 머리 몇십 센티미터 위에서 일어난다고 생각하는 것 같다. 아이를 탓할 수는 없다. 올라갈 수 있는 기회를 최소화하는 수밖에 없다. 그러려면 물건은 높은 선반에 보이지 않도록 올려놓아야 한다.

이층침대가 있다면 어린아이를 아래층에서 자게 하고 위층에는 안전한 난간을 설치한다. 책장은 벽에 단단히 고정시켜서 넘어질 위험이 없게 해야 한다.

위쪽에서 아래로 늘어진 모든 물건은 아이에게 반대쪽 끝에 무엇이 있는지 잡아당겨서 확인해 보고 싶다는 유혹을 불러일으킨다. 늘어진 전선이 하나도 없는 상황은 현실적으로 어려워 보이지만 잘 살펴보도록 하자. 또 냄비 손잡이는 가스레인지의 가장자리에서 돌려놓고 가능하면 안쪽 화구를 사용하도록 한다.

창문자물쇠나 격자창살, 소켓 덮개, 테이블이나 다른 가구의 날카로운 모서리를 감싸는 보호대, 미끄럼 방지용 목욕탕 매트를 비롯하여 세제와 약, 화학약품, 알코올을 넣어 두는 찬장에 사용하는 유아 보호용 자물쇠, 화재경보기, 계단막이, 프렌치도어(두 짝으로 된 도어 겸용의 유리창)나 장식창문 등에 붙이는 넓은 유리용 안전필름 같은 도구들은 아이의 안전에 유용하다.

텔레비전, DVD, 비디오의 케이블을 깔끔하게 싸 주는 전선정리기구도 유용하다.

당신은 소중한 장식품들을 아이의 손이 미치지 않는 곳으로 옮겨 놓음으로써 시간, 노력, 비용을 절약할 수 있다. 당신도 하루에 삼만 오천 번씩 "만지지 마"라고 말하고 싶지는 않을 것이다. 그것은 아이에게도 부당한 일이다. 그 집은 아이의 집이기도 하기 때문이다.

아이가 끈적이는 손으로 만지고 난 후에 관리를 수월하게 하려면 물세탁이 가능한 재질의 소파, 의자, 러그, 커튼을 사용하는 것이 좋다. 패브릭에 오염방지 처리를 하도록 한다.

미관을 유지하기 위해서 끊임없이 관리해야 하는 표면이나 마감재에 투자할 생각은 하지 않는 것이 좋겠다. 관리에 가외의 시간을 쏟게 되면 당신은 짜증이 날 뿐 아니라 당신이 아이와 함께 보낼 시간을 잇아 갈지도 모른다.

당신의 집은 대체로 안전하고 편안하게 느껴질 것이다. 그러나 대부분의 사고는 당신이 보다 더 조심하는 집 밖이 아니라 방심하고 있는 집 안에서 일어난다는 사실을 기억하자.

대부분의 사고는 집 밖이 아닌
집 안에서 일어난답니다.

발달단계에 대한 올바른 이해에서 출발한다

02 일과와 규칙을 정해 생활리듬을 만든다

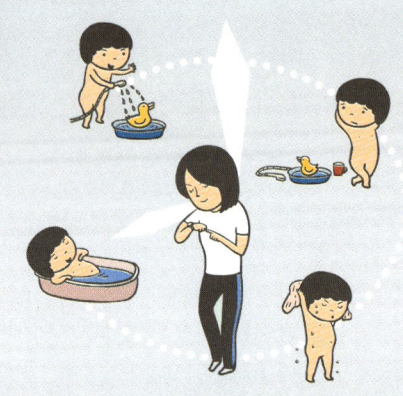

나는 어린아이들에게 일과를 설정해 주는 것이 유익하다고 확고하게 믿는 사람이다. 일과는 매일의 생활에 분명한 틀을 짜 준다. 또한 일과는 가족 구성원 모두가 자신만의 좋은 시간을 즐길 수 있도록 상황을 정리해 주기도 한다. 어린아이들은 상황이 예측가능하고 매일 같은 시각에 같은 일이 일어날 때 가장 바람직하게 행동한다. 예를 들어, 당신이 아이가 잠자리에 들 시간을 정해 두지 않으면 때로는 아이가 피곤하지 않을 때 잠자리에 들게 할 경우도 있고 반대로 아이가 지나치게 피곤해진 후에야 잠자리에 들게 할 경우도 생긴다. 당신은 아이가 정말 잠이 필요할 때도 즐겁게 놀고 있다고 생각할 수 있다. 아이의 취침시간은 그들의 하루에 있어서 너무나 중요한 부분이고 집안의 다른 모든 사람들에게 강력한 영향을 미치는 사안이기 때문에 마구잡이로 접근해서는 안 된다. 이와 마찬가지로 많은 부모들이 식사시간을 급격하게 변경하거나 식사시간 사이에 너무 긴 간격을 두는 것이 아이의 혈당 수치를 엉망으로 만들어서 기분의 동요나 불필요한 피로감으로 이어진다는 사실을 깨닫지 못한다.

정해진 일과는 배가 고플 때는 음식을, 피곤할 때는 수면을 주는 식으로 당신이 아이의 신체적인 요구를 알맞은 시간에 충족시켜 줄 수 있도록 도와준다. 중요한 활동을 위한 시간을 정해 놓는 것은 필수적이다. 매일 똑같은 과정을 거치게 하면 아이는 다음에 어떤 활동을 기대해야 할지 알게 된다. 분명한 일과가 정해지지 않은 채 어떤 일이라도 아무 때나 일어날 수 있는 상황이라면 아이들은 불안정하고 신경질적으로 행동하기 시작한다. 기대하지 않았던 일이 언제 일어날지 모른다고 생각하게 되면 아이들은 긴장을 풀고 안정할 수 없게 된다. 아이는 활동이 바뀔 때마다 마음의 준비가 되어 있지 않기 때문에 바뀌는 활동에 대해서 반항이나 분노로 반응할지도 모른다. 반면에 정해진 일과는 아이에게 다음에 무슨 일을 할 것인지 알려 줌으로써 아이가 서두른다는 느낌을 받거나 놀라지 않고 활동 단계들을 편안하게 지나가도록 해 준다.

가족생활에 일관성을 제공해 준다는 점도 일과의 미덕이다. 그렇게 하기 위해서는 가족 간에 서로 합의해서 규칙 체계를 세울 필요가 있다. 아이에게 어떤 기준에 부합되는 행동을 요구하기 이전에 어떤 행동은 용납될 만하고 어떤 것은 용납될 수 없는지를 결정해야 한다. 그런 후에 단호함을 발휘해야 한다. 당신이 언제나 규칙을 변경하고 목표점을 옮겨 다니면 아이는 어떻게 행동해야 할지 전혀 종잡을 수 없게 되고 당신의 요구를 진지하게 받아들이지 않을 것이다. '이렇게 하면 야단을 맞게 될까, 괜찮을까?' 하고 아이는 늘 머리를 굴리게 된다. 규칙이 항상 변경되거나 일관성 있게 지켜지지 않을 때 아이는 그런 순간이 자신이 원하는 대로 할 수 있는 절호의 기회임을 알게 될 것이다.

분주한 일상을 정리해 주는 일과표

 현대생활은 아이가 없어도 충분히 분주하다. 게다가 어린아이를 키우게 되면 당신 자신의 요구는 고사하고 어느 누구의 요구도 맞춰 주며 살기에는 하루가 너무 짧다는 생각이 들지도 모른다. 그에 대한 해답은 우선순위를 정하는 것이다.
 부모가 시간의 압박을 받는다고 느끼기 시작하는 순간부터 몇 가지 사건이 일어나게 된다. 부모는 자신만이 누리는 양질의 시간 즉, 자신이나 배우자에게 할애하던 시간을 줄이게 된다. 큰아이와 함께 지내던 시간도 줄인다. 그리고 유아를 이리저리 쫓아다니면서 시간을 절약해 보려고 한다. 결국은 모든 사람이 다 불만을 느끼는 결과로 이어진다.
 당신이 자신만을 위한 시간 또는 부부만의 시간을 충분히 가지지 않으면 원망이 늘어나면서 결혼생활에 긴장이 쌓이게 된다. 자신이 충분한 관심을 받고 있지 못하다고 느끼게 되면 큰아이들은 종종 동생 탓을 하며 샘을 내고 자신의 존재를 당신에게 알리기 위해서 이상한 방법으로 말썽을 부릴지도 모른다. 당신이 자신을 너무 몰아간다고 느끼는 '쫓기는 유아'는 잘해 봤자 고집불통으로 행동할 것이고 최악의 경우에는 분노의 폭발로 이어질 것이다.

가정 내의 일과대로 실천하게 되면 당신은 모든 사람의 요구와 관심을 동시에 다룰 수 있고 유아가 안정감을 느끼도록 분명한 틀도 짤 수 있게 된다. 어떤 부모들은 일과라는 개념이 너무 경직되어 있다고 생각해서 별로 좋아하지 않는다. 그러나 일과는 당신이 제한된 시간을 운영하려고 할 때 받게 되는 스트레스의 상당 부분을 제거해 주기 때문에 사실은 즐거움을 느낄 수 있는 여지를 더 많이 허용해 준다. 어떤 활동이 다음 활동을 위해서 할당된 시간을 침범하지 않으면 아무도 손해를 보지 않고 마무리될 수 있다. 갑자기 모든 것이 그렇게 쫓기듯 혼란스러워 보이지 않게 될 것이다. 당신은 문득 숨 돌릴 여유가 생기고 삶의 압박에 짓뭉개지는 것이 아니라 삶을 장악하고 있다고 느끼게 된다.

〈슈퍼내니〉 프로그램에서 우리는 각 가정의 일과와 가족의 규칙을 써서 벽에 붙여 놓는다. 당신도 꼭 그렇게 하라는 말은 아니다. 어떤 방법이든 당신 가족만의 패턴을 찾아내서 기억하고 가능한 한 그것을 유지하도록 노력하면 된다.

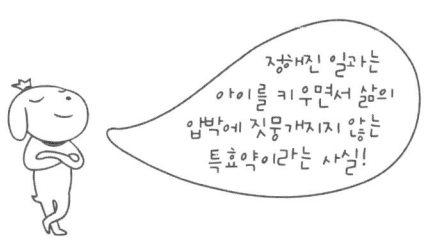

정해진 일과는 아이를 키우면서 삶의 압박에 짓뭉개지지 않는 특효약이라는 사실!

일과와 규칙을 정해 생활리듬을 만든다

일과표를 짤 때 무엇에 유의할까

- 식사시간과 취침시간은 일과의 토대를 이룬다. 나는 어린아이의 경우 이른 식사시간을 선호한다. 저녁식사라면 5시에서 5시 30분 정도가 어떨까.
- 일과의 취지는 적당한 시간 안에 할 일을 마치도록 당신을 돕자는 것이다. 예를 들어, 유아를 목욕시켜서 잠자리에 들게 하는 데 너무 시간이 늦어지면 당신의 저녁 휴식시간이 그만큼 깎여 나갈 것이다. 충분한 시간을 주지 않으면 아이는 차분해지기 어렵다. 아이들은 당신이 서두를 때 언제나 그 사실을 알아차린다.
- 너무 경직된 자세로 일과를 다루지 않는 것이 좋다. 당신이 여기저기서 30분씩 여유를 둔다고 해서 결과가 크게 달라지지는 않는다.
- 현실적으로 접근하도록 하자. 아이가 늘 옷을 입는 데 시간이 오래 걸린다면 옷 입는 데 충분한 시간을 주어야 한다. 당신 뒤에서 누가 채찍질하는 것은 아니다.
- 여름에는 취침시각을 30분 정도 늦추고 싶어질지도 모른다. 아직 바깥이 밝으면 아이는 잘 잠들지 못한다.
- 아이마다 개별적인 관심을 받을 수 있도록 특별한 시간을 할당하고 엄마와 아빠가 교대로 이 시간을 담당하는 것이 좋다. 어느 날은 유아를 목욕시키는 것은 엄마 차례, 책을 읽어 주고 잠자리에 들게 하는 것은 아빠 차례다. 다음 날은 그 반대로 한다. 이것이 불가능하다면 주말에라도 교대하도록 하자.
- 당신과 배우자를 위해 좋은 시간을 마련하도록 하자. 이건 선택사항이 아니라 필수사항이다. 당신도 그러고 싶지 않겠는가?

자세하게, 각 활동 단계마다 충분히 전달하자

일단 일과표를 짰으면—머릿속에서만 짰든, 종이에 썼든, 벽에 붙이기까지 했든—아이에게 자세하게 알려 주어야 한다. 매일매일, 그리고 하루 중 각 활동 단계마다 전달해야 한다.

아이들은 오랫동안 기억하지 못하기 때문에 주의집중 시간이 어른보다 아주 짧다. 시간을 알지도 못한다. 당신이 벽에 붙여 놓은 일과표를 읽지도 못할 뿐더러 당신의 마음은 더더욱 읽지 못한다. 때문에 일과는 말로 되풀이해서 보충해 줄 때만 효과가 있다. 안 그러면 특정 활동에서 다음 활동으로 넘어가는 것이 아이에게는 갑작스럽게 여겨진다. 당신은 5분 있으면 목욕시간인 것을 알겠지만 아이는 당신이 말해 주지 않는 한 알지 못한다.

당신은 아마 자신이 말하는 시계 같다는 생각이 들지도 모르지만 그렇게 말을 해 주어야만 일과가 효력을 발휘하게 되므로 이건 매우 중요하다. 당신 자신의 반복적인 목소리에 짜증 내지 말자. 매번 새로운 활동을 시작할 때마다 분명하고 침착하며 반복적인 예고를 일상적인 어조에 담아서 몇 분 간격으로 해 주어야 한다. 이렇게 하면 주로 '지금'에 관련하여 생각하는 어린아이에게 다음에 있을 일에 대해서 준비할 기회를 주고 자신이 참여하고 있다는 느낌을 갖게 해 준다. 이것은 아이가 고집을 피우고 상황을 장악하게 될지도 모를 가능성을 줄여 준다.

"우리는 5분 있다가 공원에 갈 거야. 가서 신발 찾아 봐." 엄마부터 기대하면서 흥분해 보자. 아이들은 당신의 어조를 아주 민감하게 수용하기 때문이다.

"엄마는 타월을 가져올게. 2분 뒤에는 목욕탕에서 나올 시간이야."

하루 종일 당신은 아이에게 이야기해야 한다. 그렇지만 당신은 아이에게 선택권을 많이 주어서는 안 된다. "자, 신발 신자"라고 말하는 것은 괜찮지만 "신발 신을래?" 또는 더 나쁘기로는 "어떤 신발 신고 싶어?"라고 해서는 안 된다. 유아에게 두 가지 정도의 선택사항을 제시해 주는 것은 좋다. 그러나 아이에게 여러 가지 선택사항을 준다면 아이에게 당신이 스스로 무엇을 하고 있는지 모른다는 메시지를 준다. '알면 엄마가 왜 물어보겠는가?' 아이는 이런 식으로 생각할 것이다. 그래서 자신이 보스라고 생각하게 된다. 협상에 관해서도 마찬가지다. "신발을 신으면 공원에 가게 해 줄게"라고 말하지 말아야 한다. "신발을 신고 나면 공원에 갈 거야"라고 말하도록 한다. 당신이 말하는 방식의 차이는 미묘한 것일 수도 있지만 결과의 차이는 절대로 사소하지 않다.

아이에게 이런 식으로 이야기하는 데 시간을 할애하는 것은 길게 보면 당신의 시간과 노력을 훨씬 절약하게 해 준다. 부모는 자기가 바쁠 때면 아이들에게 스트레스가 가득 찬 어조로 즉각적인 명령을―"지금 당장 침대로 가!"―내리는 경향이 있다. 그러면 아이를 지혜롭게 유도할 여지는 없어지고 단지 구석으로 모는 결과가 된다. 아이에게 어른의 스트레스 받은 목소리는 곧 당황함을 의미한다. 아이들은 당신이 지쳐 있다는 사실을 재빠르게 감지하며 대부분의 아이들이 그런 상황을 이용하려고 한다. 필요하다면 또 한 번 분노를 폭발시키기도 할 것이다. 반면에 침착함을 유지하면서 다음에 무엇을 할 것인지 알려 주는 방법을 취하면 아이들은 당신이 주도권을 쥐고 있음을 알게 된다.

일과와 규칙을 정해 생활리듬을 만든다

정리정돈으로 차분한 분위기를 만들자

안정된 일과는 시간을 적절하게 운용할 수 있게 해 줌으로써 일상 속의 혼돈을 제거해 준다. 당신이 일과를 도입함과 동시에 사태는 모든 면에서 훨씬 차분해질 것이다.

한편 매사가 어느 정도 정돈된 상태라면 당신이 평정을 유지하는 데 도움이 될 수 있다. 모든 것이 어지럽혀져 있으면 아이의 잠옷이나 신발 하나를 찾기 위해서 온 집 안을 발칵 뒤집어 놓게 되고 시간을 낭비하게 된다. 혼돈은 아이를 흥분시키기도 하고 아이들에게 자신의 주변을 소중히 하지 않아도 된다고 은연중에 가르친다. 물론 아이들이 대부분의 혼돈을 일으키는 장본인이기는 하지만 말이다. 지나친 소음도 어린아이들을 흥분시킨다. 심지어는 주로 아이 자신이 고함과 비명을 지르면서도 자기들이 그 상황에 흥분하기도 한다. 텔레비전을 켜 놓거나 귀청이 떨어질 듯한 음악을 틀어 놓음으로써 불필요하게 소음을 더하지 않도록 하자.

생후 1년에서 18개월 사이에 시끄러운 소음에 대해서 갑작스럽게 두려움을 느끼는 아이들이 많다. 진공청소기, 믹서, 불꽃놀이 등이 아이를 겁에 질리게 할 수 있다. 이 두려움은 오래가지는 않지만 그런 공포가 지속되는 기간에도 당신은 믹서를 사용해야 할 때가 있을지 모른다. 나도 믹서를 아주 무서워하는 여자 아이를 돌봐 준 적이 있다. 나는 아이를 약 3미터 정도 떨어진 소파에 앉혀 놓고 믹서를 사용할 것이라고 미리 예고한 후에 두어 번 스위치를 껐다 켰다 함으로써 익숙해지게 한 다음 사용했다. 소음의 근원지에서 아이가 가까이 있을수록 더 공포에 질리게 된다.

명확하고 현실적인 규칙 만들기

당신만 빼고 모든 사람들이 규칙을 알고 있는 게임을 한다고 상상해 보자. 끼어들 수조차 없을 것이고, 물론 상당히 좌절감을 느낄 것이다. 이제 규칙이 계속해서 바뀌는 게임을 상상해 보자.

'두 개의 주사위 합이 6이면 2천 원을 얻는다.'

'두 개의 주사위 합이 6이면 2천 원을 잃는다.'

'두 개의 주사위 합이 6이면 아무 일도 일어나지 않는다.'

당신은 곧 자신만의 규칙을 만들어 낼 것이다. 그리고 모든 수단을 동원해서 게임에 끼려고 할 것이다.

아이들도 이와 똑같다. 당신이 아이에게 규칙을 알려 주지 않으면, 다시 말해 당신이 아이에게 기대하는 행동이 어떤 것들이라고 말해 주지 않으면 아이들은 그 규칙을 지킬 수 없다. 당신이 규칙을 말해 주긴 했어도 쉽게 변경한다면 아이는 당신의 말을 진지하게 받아들이지 않을 것이다. 또 만약 당신이 아이들이 지킬 수 없는 불가능한 규칙들을 세워 놓는다면 당신은 불필요한 싸움에 끊임없이 맞닥뜨리게 될 것이다. 그리고 그건 당신의 아이에게도 공정하지 않다.

성장 단계에 맞춰 현실적으로 접근하자

규칙은 아이들에게 필요한 울타리가 되어 준다. 그러나 규칙은 일관성이 있어야 할 뿐만 아니라 당신이 특정한 나이의 아이가 현실적으로 지킬 만하다고 기대할 수 있는 일들을 바탕으로 만들어져야 한다. 예를 들어서 유아가 어른처럼 정리를 할 수 있다고 기대하는 것은 무의미하다. 이런 상황에서 좋은 해답은, 강요해 봤자 아이가 지킬 수 없는 정돈의 규칙을 아예 세우지 않는다는 것이 아니라 어른이 지켜볼 때만 어질러도 되는 물건을 가지고 놀도록 허락하는 것이다. 당신이 등을 돌리고 있는 사이에 아이가 매직펜을 손에 넣을 수 있다면 벽이 그 아이의 '예술작품'으로 뒤덮이더라도 당신 자신을 탓할 수밖에 없다.

부모들이 가장 흔히 저지르는 잘못은 아이들의 능력을 훨씬 넘어서는 수준의 행동을 기대한다는 것이다. 그러나 그 반대도 흔히 볼 수 있는 잘못이다. 때로는 부모가 아이를 아주 어린 아기로만 생각하고 그 단계를 이미 오래 전에 넘어선 아이를 여전히 아기 취급하기도 한다. 부모 입장에서는 유아기가 지나가는 것이 무척 아쉬울 수도 있다. 특히 막내아이일 경우 더욱 그럴 것이다. 어떤 부모들은 아기 취급하는 것이 돌보는 데 좀 더 수월하기 때문에 그렇게 하기도 한다.

아이를 신생아실에서 데려온 것이 엊그제 같더라도 만 두세 살 정도 되면 아기와는 아주 다르게 다루어야 한다. 아이는 뭐든 스스로 해 보려고 안간힘을 쓴다. 당신이 만약 밥 먹는 일처럼 간단한 일을 스스로 하도록 허락하지 않고 아기 취급하기를 고집한다면 아이는 몹시 저항할 것이다. 깔끔하게 밥을 먹기에는 너무 어리지만 아이가 다른 사람에게 해를 끼치지 않는 범위

내에서 독립성을 발휘할 수 있도록 허용한다면 당신은 불필요한 갈등을 피할 수 있다. 아이는 배움이 필요하다. 그 욕구를 억누르는 것은 옳지 않다.

아이를 기르면서 완벽함은 기대하지 않는 것이 좋다. 당신에게 현재 주어진 상태를 받아들여서 육아에 임해야 한다. 현실적인 태도를 취하면 아이가 실패하는 상황을 조성하는 일이 없을 것이다.

부모들이 가장 흔히 저지르는 잘못은 아이들의 능력을 훨씬 넘어서는 수준의 행동을 기대하는 것이래요.

일과와 규칙을 정해 생활리듬을 만든다

부부 사이의 잘 조율된 일관성이 기본

많은 부모들이 그때그때 형편에 따라 규칙을 세운다. 어떤 상황에서는 그렇게 하지 않을 수가 없으며 그것도 괜찮다. 진짜 문제는 부모가 자신들이 세우는 규칙에 대해서 서로 상의하지 않는 경우다. 그럴 때 종종 불일치가 발생한다. 부모가 함께 앉아서 공동 전략을 세우는 일은 시간을 투자할 만한 충분한 가치가 있다. 당신 두 사람은 어떤 행동이 받아들여질 수 없는 행동이라고 생각하는가? 어떤 행동에 대해서 좀 더 느긋할 수 있는가? 당신 둘은 어떤 부분에서 생각이 다른가? 가족이 모두 따를 수 있는 집안 내의 규칙을 세울 때 합의점에 도달하는 것은 필수적이다. 엄마와 아빠가 일치된 모습을 보여 주지 않으면 아이들은 두 사람을 감정적으로 대립하게 만드는 방법을 쉽게 터득한다.

당신과 배우자가 아이의 행동에 대해서 기대하는 바가 다르면 어떤 규칙도 부과하는 게 불가능해진다. 규칙이 좋건 나쁘건 공정하건 불공정하건 상관없이 그렇게 될 것이다. 대화가 서로 간의 다른 접근 방식의 근본 원인을 해소하는 데 도움이 될 수 있다. 당신이 배우자보다 엄격한 가정에서 자랐거나 혹은 그 반대이기 때문에 그런 차이가 생겼을 수 있다. 그런 차이가 지금까지는 별문제 되지 않았을지도 모른다. 그러나 아이가 태어나면 그때까지는 당신들이 의식하지 못하고 있던 서로 간의 차이가 드러날 수 있다. 각자 기대하는 바가 무엇이든지 간에 이제는 그런 차이들을 정리하고 보조를 맞춰야 할 때가 되었다.

아이와 주로 함께 시간을 보내는 부모는 아이가 이해할 수 있는 것이 무엇인지 더 잘 알기 때문에 특정한 연령대에 어떤 규칙이 가장 적합한지 더 잘 알 수 있다. 동시에 그런 부모는 까다로운 유아의 끊임없는 요구에 너무 지쳐서 나무를 보느라 숲을 놓치는 격으로 아이가 얼마나 자신을 깔아뭉개고 있는지 파악하지 못할 수도 있다. 부부 사이에 의사소통의 라인을 늘 열어 둠으로써 현재 상황에 적절하게 대처할 뿐 아니라 앞으로 다가올 변화에도 대응할 수 있도록 하자.

용납되지 않는 행동을 알려 주라

어떤 상황에서든지 경계를 벗어나는 행동이 있다. 아이가 너무 어려서 그 이유를 이해하지 못하더라도 언제나 분명하고 단호하게 절대로 해서는 안 되는 행동이 있다는 사실을 알려 주어야 한다. 이렇게 '엄격하게 금지되는' 행동의 범주에는 다른 사람을 다치게 하는 행동들—때리거나 물거나 밀거나 욕하는 행동—과 아이 자신을 위험에 처하게 만들 수도 있는 행동들—안전벨트를 푼다든지 길을 건널 때 손을 뿌리치는 행동—이 포함된다. 아이가 아주 어릴 때는 아무 생각 없이 충동적으로 그런 행동들을 하지만 아이가 고의로 그런 행동을 하는 조짐이 보이기 시작하면 바로 단호하고 공정하게 통제하고 규칙을 지키라고 강하게 압박할 필요가 있다. 당신의 아이에게 형제자매를 때리지 말라고 가르치지 않으면 그 아이는 집 밖에서 낯선 사람이나 다른 아이들을 때려도 된다고 생각할 것이다. 그것은 도덕적인 문제다.

1부 좋은 습관의 틀을 잡아 주는 슈퍼내니 기본 테크닉

규칙은 적을수록 좋다

어린아이가 지켜야 할 규칙을 정할 때는 적은 수의 분명한 규칙이 너무 많은 규칙보다 효과적이다. 거의 모든 것에 대해서 규칙을 세우게 된다면 당신은 육아가 아니라 치안단속에 더 많은 시간을 보내게 될 것이다. 어린아이는 '사람을 때리는 것은 나쁜 행동이다'와 같은 중요한 규칙과 '음식을 먹을 때는 입을 다물고 먹어라'와 같은 사소한 규칙 사이의 차이점을 구별하지 못한다. 아이가 아주 어릴 때는 사소한 잘못은 염두에 두지 말고 보다 중요한 일에 집중해야 한다. 끊임없이 아이에게 제재를 가하게 되면 가족의 삶에서 즐거움이 사라지고 긴장만 고조된다. 유아들은 매일 일어나는 일상적인 일에도 충분히 좌절감을 느낀다. 거기다가 더 많은 좌절감을 느낄 기회를 덧붙이지 말라. 안 그러면 당신은 정말 전쟁을 치르게 될지도 모른다.

아이가 커 가면서 이전의 규칙을 체득하고 난 다음에 새로운 수준의 규칙을 세워 나가도록 한다. 아이가 성장하는 과정에 맞춰서 수위를 조정해야 무리가 생기지 않는다.

다른 양육자들과 손발 맞추기

매일의 일과와 합의된 가정 내의 규칙에 근거한 구체적 지시는 당신이 아이의 양육을 다른 사람과 분담할 때 큰 도움이 된다. 엄마와 아빠만 협조하면서 동일한 협의사항을 준수해야 하는 것이 아니라 조부모, 보모, 베이비시터도 마찬가지다.

당신이 아이를 다른 사람들의 손에 맡기기 전에 언제 무슨 일을 해야 하며 당신이 어떤 행동을 허용하고 어떤 행동은 허용하지 않는지 설명하는 시간을 가져야 한다. 아이들은 일을 처리하는 방법들이 자꾸 달라지면 혼란을 느낀다. 할머니는 당신보다 훨씬 엄격해서 예절을 중요시할 수도 있고 반대로 당신이 어렸을 때는 절대로 안 그랬을 것 같은 방식으로 기꺼이 응석을 받아 주면서 훨씬 관대하게 굴지도 모른다. 당신은 그분들에게 자신이 아이를 어떻게 대하는지 설명해 주어서 아이가 혼란스럽지 않게 해 주어야 한다.

그렇지만 다른 양육자가 당신의 노력을 침해하지 않는 한 아이와 각자 나름대로 특별한 관계를 맺는 것은 허용해야 한다. 조부모는 인자한 사람의 역할을 종종 즐기며 가끔 특별한 선물을 주고 싶어 할 것이다. 그분들에게서 그런 즐거움을 앗아 가지 않도록 하자. 그분들도 그럴 자격이 있다.

당신의 아이를 잠시 동안 다른 사람에게 맡겨 놓는 것은 별개의 문제지만 당신이 만약 직장으로 돌아가야 해서 사정이 보다 지속적이라면 기본적인 규칙과 일과에 대해 다른 양육자와 이해를 공유하는 것은 더더욱 필수적이다. 부모, 특히 일하는 엄마들은 아이를 다른 사람의 손에 맡기고 떠날 때 강한 죄책감을 느끼는 경우가 종종 있다. 때로는 이러한 죄책감이 부모가 귀가했을 때 부모 쪽에서 규칙을 해제하는 결과로 이어지기도 한다. 그러나 당신이 자신의 죄책감을 해소하기 위해서 아이의 응석을 받아 주는 것은 아이에게 아무런 도움이 되지 않는다. 당신이 집에 돌아왔을 때 아이와 함께 좋은 시간을 보낼 필요가 있지만 규칙을 전적으로 포기해서는 안 된다. 아이는 모든 사람이 똑같은 방식으로 자신을 돌봐 준다고 감지할 때 훨씬 더 행복해하고 안정감을 느낀다. 만약 부모가 규칙을 일시적으로 풀어 준다면 그건 다음 날 그 뒤처리를 해야 하는 양육자에게도 공정하지 못한 일이다. 또 아이와 그날 있었던 일에 대해서 이야기할 충분한 시간을 갖도록 한다.

일상이 중단될 때

당신이 아무리 철저하고 일과가 아무리 순조롭게 진행되더라도 어쩔 수 없이 사정이 불규칙적으로 굴러가는 시기도 있다. 어떤 종류의 중단은 불가피하다. 병이 나거나 이가 나는 경우가 여기에 해당된다. 다른 종류의 중단은 피할 수 있거나 당신이 그 여파를 줄이는 조처를 취할 수 있다.

일과는 돌에 새겨 놓은 것처럼 항구적인 것이 아니다. 주말에 약간 풀어 주고 토요일 밤에는 아이가 조금 늦게 자도록 허락해 주는 것도 괜찮다. 그 대신 일요일에 좀 더 단호하게 대할 마음의 준비를 하는 것이 좋을 것이다.

아이의 일과에 심각한 영향을 미칠 수도 있는, 방해가 될 만한 스케줄은 피해야 한다. 예를 들면, 아이의 식사나 취침을 방해할 수 있는 시간에는 되도록이면 손님을 초대하지 않도록 한다. 어린아이들은 부모와 떨어지거나 관심을 못 받는 상황을 어려워하기도 하고, 처음 만났거나 잘 모르는 사람 앞에서 매우 수줍어하기도 한다. 일상적이지 않은 일을 하게 될 때는 어떤 일이 일어날지 아이에게 설명할 시간을 갖는 것이 좋다.

휴가 때는 일과가 종종 무시된다. 어른인 당신에게는 보름간의 여행이 대단한 중단이 아니지만 어린아이에게는 평생처럼 길게 느껴질 수도 있다. 당신이 휴가 기간 동안 일과를 완전히 포기한다면 집에 돌아왔을 때 처음부터 다시 시작해야 할지도 모른다. 휴가를 갔다 오면 아이의 잠버릇이 고약해지거나 심지어는 전에 없었던 새로운 잠버릇문제까지 생길 수도 있다. 해결책은 집을 떠나지 말라는 것이 아니라 당신이 어떻게 일과를 유지할 것인지 미리 계획하라는 것이다. 식사와 낮잠시간은 가능한 한 지키는 것이 좋다.

집을 떠나 있을 때 어떻게 일과를 조정할까

당신이 멀리 떨어진 휴가지를 선택했다면 긴 이동 시간 때문에 생기는 일과의 중단을 해결해야 하고 시간대가 크게 변한다면 시차문제에도 대처해야 한다는 것을 염두에 두어야 한다. 어린아이들도 어른처럼 시차로 불편을 겪는다. 적응하는 데 며칠 걸릴 것이다.

가능한 한 일과에서 중요한 항목—산책, 식사, 목욕, 취침처럼 기초를 이루는 일과—은 지키도록 하자. 활동 종류와 장소는 어쩔 수 없이 달라지게 되는데 그것만 해도 대부분의 아이들이 적응하기에 벅찬 변화다.

날씨가 더우면 아이의 식욕이 줄어들 것을 감안한다. 그 일로 실랑이하지 말고 물을 많이 마시게 한다.

아이가 낯선 침대에서 안정감을 느끼는 데 도움이 되도록 집에서 사용하던 이불, 장난감 등을 가지고 가는 것도 도움이 될 것이다. 만약 아이가 무척 좋아하는 식품이 있다면 가지고 가는 것도 생각해 봄 직하다. 여행지에서 구할 수 없을지도 모르므로 상비약과 유아용 분유도 챙기도록 한다.

03 적절한 경계 설정으로 자기통제력을 길러 준다

일과와 가정 내에서의 규칙은 어린아이들에게 매우 중요한 부분이다. 기본적인 틀을 지키도록 하는 것이 곧 버릇 들이기다.

텔레비전을 얼마만큼 허용해야 하는가의 문제에서부터 식사와 영양문제에 이르기까지 어린이의 양육과 조금이라도 관련된 거의 모든 주제들은 미디어에서 열띤 논쟁을 불러일으킨다. 그리고 버릇 들이기라는 주제는 논쟁을 일으킬 것이 절대적으로 보장되어 있는 영역이다.

무엇이 너무 엄격한 것일까? 무엇이 충분히 엄격하지 못한 것일까? 한 가지는 확실하다. 아이의 좋은 친구가 되겠다고 약간 양보하는 사이에 부모는 권위를 잃고 만다. 버릇 들이기는 당신이 아이를 따뜻하게 대해야 할 때와 단호하게 대해야 할 때 사이에서 균형을 잡는 방법에 관한 문제다. 이 말은 부모 자식 사이에 서로에 대한 존중이 있어야 한다는 뜻이다.

당신이 아이를 너무 엄격하게 대하면 아이의 기를 꺾어 놓을 위험이 있다. 그렇지만 전혀 경계를 정해 주지 않는다면 스스로를 통제할 줄 모르는 아이로 자라게 될 것이다. 그런 아이들은 집 밖에서—조만간 학교에서—자기통제력의 부족으로 더 큰 문제를 일으키게 될 것이다. 자기통제력이 부족하면 아이의 학습능력이 영향을 받을 수도 있고 친구를 사귀는 데 어려움을 겪을 수도 있다.

당신은 어쩌면 원하는 것을 원하는 때에 할 수 있도록 허용되는 아이가 행복하고 느긋할 것이라고 생각할지도 모르겠다. 하지만 사실은 그렇지 않다. 무엇이든지 자기 마음대로 하는 아이는 자신이 주도권을 가지고 있다고 생각한다. 유아에게 그런 생각은 혼돈을 가져온다. 너무 많은 자유는 아이에게 당신이 자신을 너무나 사랑해서 무엇이든지 갖게 해 주고 싶어 한다는 메시지를 전달하는 것이 아니라 경계가 어디인지 가르쳐 주기를 귀찮아한다는 메시지를 전달한다.

어른의 지도를 제대로 받지 못한 아이는 종종 겁에 질리고 불안정하고 화가 나 있으며 혼돈스럽고 불행하다. 아이들은 자신이 어디로 가고 있는지 전혀 알지 못하며 그런 상황이 아이들을 불안하게 한다. 자신이 원하는 것 또는 원한다고 생각하는 것을 얻은 후에도 아이는 여전히 만족하지 못한다. 그러고는 부모가 자신을 제지할지 알아보기 위해서 끊임없이 경계를 넘으려고 한다.

〈슈퍼내니〉의 첫 시리즈에서 나는 만 2년 6개월 된 아이가 실질적인 가장 행세를 하고 있는 가정을 방문했다. 꼬마 찰리가 실권을 쥐고 있었다. 찰리가 온 가족 즉, 아빠, 엄마, 그리고 두 살 위인 형에게 텔레비전과 불을 끄고 어둠 속에 앉아 있으라고 하면 가족들은 그렇게 했다. 찰리는 항상, 매일 자기 마음대로 했으나 그런다고 행복해지지는 않았다. 부모가 그에게 양보할수록 그는 더 울부짖고 비명을 질러댔다. 우리가 버릇 들이기의 몇 가지 기본적인 테크닉과 함께 새로운 일과, 합의된 가족의 규칙과 넉넉한 칭찬 그리고 격려를 주었을 때 찰리는 변했다. 그 아이는 자신이 쇼를 진행할 필요 없이 가족생활에 참여할 수 있다는 사실을 알고서 자신에게 주어진 자유로 무엇을 해야 할지 전혀 알지 못했던 분노에 찬 꼬마가 아닌 편안하고 행복하고 안정감 있는 아이가 되었다.

당신은 유아에게 자동차 열쇠를 주고 슈퍼마켓까지 운전해 가기를 기대하지는 않을 것이다. 그러나 만약 당신이 일상에서 아이로 하여금 무엇을, 언제, 어디서, 누가, 어떻게 할 것인지 지시하도록 허용한다면 그와 비슷한 일을 하고 있는 것이다. 아이가 운전면허 시험을 치려면 십수 년을 기다려야 하는 것처럼 아직 자신의 삶―당신의 삶은 말할 것도 없고―을 운영할 상식과 판단력 또한 갖추지 못했다.

내 경험으로 볼 때 처음에 아무 규칙 없이 시작했던 많은 부모들이 사태가 수습할 수 없는 지경에 이르게 되면 마음을 바꾼다. 그런데 그때가 되고 보면 부모가 구사할 수 있는 테크닉이 별로 없다. 일단 나쁜 행동이 자리를 잡고 나면 그것을 바꾸는 데는 힘이 든다. 그렇지만 다행스럽게도 너무 큰 고통을 겪지 않고도 상황을 고칠 수 있는 방법이 있다. 상황이 바뀌고 나면 문제를 일으켰던 아이들만 더 행복하고 편안해지는 것이 아니라 가족 모두가 혜택을 받게 될 것이다.

최적의 접근방법을 찾아서

아이들은 저마다 다양한 성격을 가지고 있다. 활발하고 잠을 별로 자지 않으며 주변에서 일어나는 모든 일에 관심을 보이는 아이가 있는가 하면 주위의 흐름에 따르면서 느긋하게 지내려는 아이도 있고 의지가 강한 아이도 있다. 당신이 어떤 아이를 갖게 될지 예측할 수는 없지만 당신의 삶에 다가온 새로운 가족을 대하기 위해 육아방법을 그 아이에게 맞추어 갈 수는 있다. 어떤 아이들은 엄격하게 다룰 필요가 있을 것이다. 그렇다고 해서 버릇을 가르치는 것이 아이의 성격을 짓밟거나 기를 꺾어 놓고 지금의 아이가 아닌 어떤 다른 아이로 바꿔 놓으려는 것이 아니라는 사실을 꼭 기억하기 바란다. 받아들여질 수 있는 행동의 경계 내에서 스스로 본연의 자신이 되어 갈 수 있도록 허용하는 것이 버릇 들이기의 핵심이다.

당신이 선택한 지도방법을 편안하게 느낄수록 성공할 확률이 높다. 그렇지만 당신이 주도권을 쥐는 데 어려움을 겪는 부류의 부모라고 해서 버릇 들이기를 포기해야 한다고 말하려는 것은 아니다! 이 장에서는 여러 가지 테크닉들이 소개되는데 당신은 특정한 테크닉이 다른 것들보다 당신에게 더 잘 맞는다는 사실을 발견하게 될지도 모른다. 하지만 어떤 테크닉이 처음에 좀 부자연스럽게 느껴진다고 해서 포기하지는 않기를 바란다. 부모 노릇을 하다 보면 어떤 때는 당신이 역할놀이를 하도록 요구되기도 한다. 연습을 하다 보면 감을 잡을 수 있게 될 것이다.

사랑은 물론이고 상호존중도 중요하다

아이의 버릇을 잡는다고 해서 아이가 당신을 덜 사랑하도록 만드는 것은 아니라는 사실을 먼저 머리에 새겨 두자. 버릇을 가르치는 것이 혹독한 처벌과 같은 것이라고 생각하는 사람은 정말로 잘못 알고 있는 것이다. 아이의 버릇을 잡아 주는 것은 아이에게 어떻게 행동해야 하는지 가르쳐 주고 아이가 하는 행동의 경계를 정해 주는 일이다. 또한 단호하고 공정한 통제만큼이나 칭찬과 격려를 의미하기도 한다.

내가 방문했던 가정 중 가장 혼란스러운 가정에서도 언제나 사랑은 충분히 있었다. 그러나 존경은 별로 찾아볼 수 없었다. 아이가 부모나 형제를 존중하지 않는다면 다른 아이를 만날 때나 유아원이나 학교생활을 시작할 때처럼 가정 밖의 상황에서도 그와 같은 태도를 유지하게 되며 그것은 폭발적인 결과로 이어질 수 있다. 이상적인 부모 자식 관계라면 서로가 사랑과 존중을 보여야 한다.

아이들과 지혜롭게 대화하는 방법

당신의 오전은 끔찍했다. 아이는 자신의 모든 분탕질을 다 동원하고도 모자라 이제는 거실에서 반란을 일으키고 있다. "그만 해." 당신이 말한다. 아이는 들은 척도 하지 않는다. "지금 당장 그만두라니까! 안 돼! 그거 만지지 마!" 당신의 말은 쇠귀에 경 읽기다. "엄마가 하는 말 못 들었어? 지금 당장 그만둬!"

그만 해! 그만 해! 그만 해! 만지지 마! 만지지 마! 만지지 마!

아이에게 이런 식으로 가차없이 소리를 질러대면 한 가지밖에 전달되지 않는다. 즉, 당신이 정말로 흥분해 있다는 사실이다. 만약 아이의 목적이 못된 행동을 해서 당신의 관심을 끌려는 것이었다면 그 시점에서 아이는 자신이 성공했음을 알 것이다.

아이에게 끊임없이 소리 지르고 비명을 질러댄다고 해서 아이의 행동이 개선되는 것은 아니다. 이런 식으로 하는 것은 아이를 현명하게 다루기는커녕 당신이나 아이 모두에게 극심한 마음의 동요를 일으키고 정서적인 체온을 거의 비등점까지 높여 줄 것이다. 여기서 자제력을 잃은 사람이 누구라고 생각하는가?

또 다른 극단을 살펴보자. 당신이 어떤 상황에서도 침착함을 잃지 않는 부류의 부모라는 사실에 자부심을 느끼고 있다고 해 보자. 당신은 고함을 지르거나 비명을 지르는 일은 꿈에도 생각하지 않는다. 그 대신 이런 식으로 말한다. "그러지 마세요. 오, 착하지, 그러지 마세요." 당신은 미소까지 짓는다.

그래도 아무 효과가 없다.

아이를 어떻게 지도할 것인가를 배우는 첫걸음은 아이와 올바르게 대화하는 방법에서부터 시작된다.

잔소리의 무덤

아이들에게는 과장이 통한다

당신이 아이에게 말할 때 아이는 당신이 말하는 내용에만 집중하는 것이 아니다. 사실 당신이 어려운 단어를 사용하거나 말을 너무 복잡하게 하면 그 말은 아이 머리 위로 그냥 날아가 버릴지도 모른다. 대신 아이들은 당신의 음성이 전달하는 어조, 보디랭귀지, 당신이 불확실하게 느끼거나 염려하거나 불안해하는 기미 등을 전체적인 덩어리로 받아들인다. 아이들의 안테나는 강력하다. 때때로 나는 어른들이 다 잃어버린 육감을 아이들은 아직 가지고 있다는 느낌을 강하게 받는다.

아이들과 소통할 때는 과장해야 한다. 표현을 부풀리는 것이 좋다. 역할놀이처럼 해 보는 것이다. 많은 부모들은 본능적으로 이렇게 하지만 어떤 부모들은 자의식을 느끼거나 우스꽝스럽다는 생각이 들어서 잘 못한다. 스스로 느끼는 억압을 해제하고 아이에게 말을 걸거나 아이의 말에 반응할 때 자신감을 가지고 재미있게 대하도록 해 본다. 만약 당신이 스스로를 삼인칭으로 부르게 되면 때로는 의미끼리 충돌하는 전쟁에서 열기를 식혀 줄 수 있다. "엄마는 이제 네 손을 씻겨 줄 거야."

아이가 어떤 잘못을 했을 때는 권위가 실린 어조로 그 사실을 전달해야 한다.

때로는 신기하게 그 정도만으로 충분할 때도 있다. 어린아이들은 미묘한 신호를 파악하는 데 있어서 전문가다. 낮고 단호한 목소리와 자신감 있는 보디랭귀지만 동원해도 당신의 메시지를 전달할 수 있을 것이다. 권위가 담긴 목소리가 전달하는 메시지는 아이가 절대로 넘어서는 안 되는 경계와 한계가 있다는 사실이다. 또한 그 목소리는 나쁜 행동과 아이를 분리시켜 준다. 그건 아주 중요하다. 나쁜 것은 아이의 행동이지 아이 자체가 아니므로 아이에게 너는 나쁜 아이라고 꼬리표를 붙여서는 안 된다. 핵심은 아이를 질책해서 아이가 스스로를 완전히 무가치하다고 느끼게 만들거나 분노를 보임으로써 아이에게 겁을 주려는 것이 아니라, 특정한 행동이 잘못되었으며 그 행동이 당신을 언짢게 했다는 사실을 아주 명백하게 알려 주는 데 있기 때문이다. 누구나 다 자연스럽게 권위를 보여 줄 수 있는 것은 아니다. 어떤 부모는 권위를 가지고 말하기 위해서 자신감과 스스로에 대한 믿음을 의식적으로 키워야 할지도 모른다. 만약 당신이 확신하지 못하고 머뭇거린다면 아이는 당신의 음성에서 그런 기미를 알아차릴 것이다. 필요하다면 거울 앞에서 연습을 하라.

아이가 부모의 말을 귀담아듣게 하려면

아이 곁으로 간다. 방 건너편에 멀찍이 서서 고함을 지르는 것은 좋지 않다.
아이보다 높은 위치에 서서 위협하는 상황이 되지 않도록 아이의 눈높이에 맞춰 내려온다. 아이의 눈을 바라볼 수 있도록 무릎을 꿇고 앉는다. 아이보다 높은 위치에서 명령을 내리면 아이가 못 들은 척할 수도 있다.

아이가 달아나거나 눈을 피하지 못하도록 팔을 붙잡는다. 피하려고 하거든 "날 좀 봐"라고 말한다.
위협적으로 굴거나 이를 갈지 않는다!

낮고 단호하고 권위가 담긴 어조로 말한다. 화가 난 어조, 협박하는 어조, 무시하거나 타협하려는 어조는 좋지 않다. 아이로 하여금 당신이 전달할 용건이 있다는 사실을 의심하지 못하게 만드는 음성이어야 한다. 그렇게 하면 당신의 기분이 좋지 않음을 전달할 수 있다.

아이에게 무엇을 잘못했는지 분명하고 차분하고 엄격하게 말한다. "사람을 때리는 것은 나빠. 너는 사람을 때리면 안 돼. 엄마는 네가 다시는 그러지 않았으면 좋겠어."

적절한 경계 설정으로 자기통제력을 길러 준다

칭찬할 때는 높고 흥분된 어조로

당신이 마지막으로 아이를 칭찬한 것이 언제였는가? 무조건적인 칭찬을 마지막으로 해 준 것이 언제였는가? 아이가 30분 동안 고양이나 동생을 괴롭히지 않았다. 점심을 거의 다 먹었다. 떼쓰지 않고 카시트의 벨트를 채우게 해 주었다. 유아가 30분 정도 말썽 없이 지낸다는 것은 칭찬거리다. 당신이 그런 자그마한 성취들을 칭찬해 주지 않으면 아이는 당신이 알아차리지 못했다고 생각할 것이다.

아이가 더없이 착하게 굴었는데도 당신이 그것에 대해 한마디도 언급해 주지 않았다고 하자. 어떤 행동을 해야 당신의 관심을 끌 수 있을까? 강아지를 괴롭히면 어떨까? 밥그릇을 바닥에 엎어 버릴까? 동생을 때리면 어떨까? 착한 행동이 관심을 끌지 못하면 아이는 효과가 있을 것임을 경험으로 알고 있는 또 다른 행동을 시도해 볼 것이다.

칭찬에 인색하지 말아야 한다. 아이의 착한 행동을 칭찬한다고 아이가 거만해지거나 버릇이 나빠지지는 않는다. 그리고 착한 행동이라는 것이 거창해야 할 필요도 없다. 그저 나쁜 행동을 하지 않으면 착하다고 칭찬해야 한다. 대부분의 부모들은 아이가 말을 잘 듣고 있으면 혼자 속으로 생각한다. '휴, 지금은 못된 짓을 안 하고 있구나. 잠시 다른 일을 해도 되겠군.' 그리고 가 버린다. 여기서 부모는 아이에게 착한 행동을 한 것을 알고 있으며 고맙다고 전달하는 일을 잊지 말고 넘어갔어야 한다.

한 아이는 착하게 행동하고 있는데 또 한 아이가 말썽을 피우면 정신이 없어서 미처 칭찬하지 못하는 상황이 종종 벌어진다. 당신의 관심을 끌려는 의도를 지닌 초강력 돌풍이 거실을 휩쓸고 지나갈 때 착한 행동은 거의 눈에 띄지 않는다. 당신은 물론 못된 행동에 대응해야 하지만 조용히 자기 할 일을 하고 있는 아이를 알아보고 칭찬해 주는 것도 잊어서는 안 된다.

긍정적인 강화는 아이를 지도하는 데 있어 필수적인 요소다. 당신은 칭찬과 격려를 통해서 아이를 바람직한 행동으로 인도하며, 경계선을 지킴으로써 바람직하지 않은 행동에서 멀어지게 할 수 있다.

권위가 실린 어조는 낮고 단호하며 절제되어 있다. 칭찬의 어조는 그 반대여야 한다. 많은 부모들은 본능적으로 아이들에게 높은 목소리로 말한다. 그것이 바로 당신이 칭찬할 때 사용해야 할 어조다. 높고, 심지어는 흥분한 듯한 어조가 당신의 기쁨을 전달해 준다. 손뼉을 치거나 환호성을 지르는 것도 좋다.

"아이 착해, 점심 다 먹었구나!" 그 행동이 당신의 기분을 얼마나 좋게 해 주었는지 설명해 준다. "엄마는 네 덕분에 아주 기쁘단다."

자신감을 북돋워 주기 위해서 어깨를 꼭 감싸 준다. "정말 예쁘게 놀고 있구나!", "잘했어! 아빠한테 네가 아주 큰 도움이 되었단다."

예의를 갖춰 아이의 착한 품성에 호소하라

당신의 아이는 많은 단서들을 잡아낸다. 물론 아이는 여러 면에서 이해력이 제한되어 있다. 아이는 어른처럼 조리있게 생각하지 못한다. 그렇지만 행간을 읽을 수 있다. 당신의 음성에 실린 어조와 보디랭귀지는 아이에게 많은 것을 말해 줄 것이다. 그리고 놀랍게도 너무 어려서 기본적인 언어구사력밖에 없는 아이일지라도 당신의 표현 방식은 아이의 반응에 영향을 미친다.

당신은 전달하고자 하는 내용을 말로 어떻게 표현할 것인가를 잘 생각함으로써 많은 수고를 덜 수 있다. 말하기 전에 생각부터 하자. 당신이 협상을 하면 아이도 협상을 하려고 들 것이다. 아이에게 애원하지 말고 그냥 요구하거나 말한다. 당신이 적절하게 요구하지 않으면 아이의 착한 품성에 호소할 수 없다. 언제나 예의를 갖춰 말해야 한다. 상식적인 예의를 갖추는 데는 비용이 들지 않는다.

나는 부모들이 어린아이에게 너무 많은 선택사항을 제시하는 것을 보고 늘 놀란다. 만 두 살 반이나 세 살짜리 아이들은 여섯, 여덟, 열 가지 선택사항 중에서 하나를 고를 능력이 없다. 좀 더 커서 만 네 살이나 다섯 살 이상 된 아이들이라야 간단한 선택과 결정을 할 수 있게 된다.

많은 부모들이 아이에게 무엇을 하라고 지시하는 것을 몹시 꺼린다. 그렇게 하면 자신들이 되고 싶어 했던 인자한 부모 대신 독재자가 될 것이라고 생각한다. 아이에게 무엇을 하라고 말해 주는 대신 아이에게 선택권을 주면서 아이들이 자신을 친절하고 인자한 부모라고 생각해 주길 바란다.

어떤 상황에서는 파국을 피하기 위한 최후의 수단으로 선택사항을 제시하기도 한다. 당신이 옷을 입히려고 하는데 아이가 반항한다. 당신은 이러한 행동이 파란 바지를 입기 싫어서 그런 것이라고 해석한다. 그래서 아이에게 선택사항을 제시하기 시작한다. "그러면 초록색 바지가 입고 싶니? 싫어? 빨간 건 어때?" 옷장을 다 뒤지고 난 후에도 다시 원점으로 되돌아와서 아이는 여전히 바지를 입지 않고 있다.

   선택사항을 제시하지 않는다는 것이 하사관처럼 왼쪽, 오른쪽, 가운데라고 호령하면서 퉁명스럽게 행동하라는 뜻은 아니다. 당신은 분명한 지시와 참여와 칭찬을 결합시킴으로써 아이를 편하게 이끌면서도 똑같은 메시지를 전달할 수 있다. "자, 양말을 신자. 네가 양말을 올릴 수 있지? 잘했어. 이제 신발을 신어 보자."

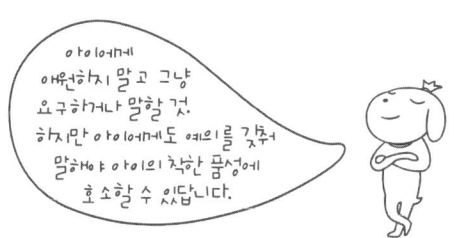

아이에게 애원하지 말고 그냥 요구하거나 말할 것. 하지만 아이에게도 예의를 갖춰 말해야 아이의 착한 품성에 호소할 수 있답니다.

적절한 경계 설정으로 자기통제력을 길러 준다

협상은 선택사항을 제시하는 것 못지않게 나쁘다. 아이가 점심을 먹지 않으려고 한다고 가정해 보자.

- 아이에게 다섯 숟가락만 더 먹으면 과자를 먹을 수 있다고 말한다.
- 아이는 한 숟가락을 더 먹고 과자를 달라고 한다.
- 지금 선택한 방법이 효과가 있어 보이기는 하지만 그렇게 한없이 시간을 끌 수는 없다. 그래서 세 숟가락을 더 먹으면 주겠다고 협상조건을 변경한다.
- 아이는 과자를 지금 먹고 싶다고 말한다.
- 당신은 사태가 어느 방향으로 가고 있는지 볼 수 있지만 지고 싶지는 않다. 아이에게 두 숟가락만 더 먹으면 과자를 주겠다고 말한다. 당신은 수저를 들고 아이의 입 쪽으로 가져간다. 아이는 숟가락을 밀치고 과자를 달라고 본격적으로 칭얼대기 시작한다.
- 당신은 아이에게 한 숟가락 더 먹지 않으면 과자를 먹을 수 없다고 말한다.
- 아이는 분노에 차서 고함을 지르기 시작한다.
- 당신은 아이에게 과자를 준다.
- 아이가 이겼다. 아이는 딱 한 숟가락 먹고 과자를 얻은 것이다. 그리고 이제는 과자를 하나 더 달라고 한다.

어린아이들은 협상이나 약속이 무엇인지 제대로 이해하지 못하기 때문에 이와 같은 싸움에서는 언제나 이기게 되어 있다. 당신이 특별 선물이라는 형태로 아이 앞에 매달아 놓은 것이 너무나 유혹적이라서 아이는 지금 당장 그것을 갖기 위해 온갖 짓을 다 할 것이다. 그리고 당신은 그걸 교환이라고 생각하는 반면 아이는 규칙이 계속 바뀌고 있는 것이라고 이해한다. 누구나 알다시피 계속 바뀌는 규칙은 규칙이 아니며 그것을 지킬 필요도 없다.

나는 언제나 이기게 되어 있다.
왜? 나는 협상이나 약속이 뭔지 모르니까!
―작은 폭군

적절한 경계 설정으로 자기통제력을 길러 준다

아이에게 말할 때 무엇을 명심할까

소리 지르지 않는다. 바람직하지 못한 행동에 대해서는 권위가 담긴 어조를 사용한다. 아이가 착한 행동을 했을 때는 칭찬해 준다.

아이에게 가능한 한 긍정적으로 이야기해야 한다. 줄곧 무엇을 하지 않았으면 좋겠다고 이야기하는 대신 다른 방법으로 말해 보면 어떨까. "더러운 손을 소파에 문지르지 마"라고 말하는 대신 "지금 손 씻자. 손이 더럽네. 그다음에 소파로 오면 내가 동화책을 읽어 줄게"라고 해 보자.

갑자기 소리 지르며 명령하지 말자. 즉시 저항에 부딪힐 것이다.
상처가 되는 말은 절대로 하지 말고 아이에게 어떤 아이라는 꼬리표를 달아 주지 않는다. 당신이 싫어하는 것은 나쁜 행동이지 아이가 아니라는 사실을 분명하게 알려 주어야 한다.

당신부터 예절 바르게 행동하자.
아이가 당신에게 소리를 지르더라도 미끼를 덥석 물지 않도록 한다. 소리 지르기 시합을 해 봤자 누구에게도 도움이 되지 않는다. 아이에게 그런 식으로 말하지 말라고 침착하게 일러 주도록 한다.

아이를 형제자매와 비교해서 나쁘게 말하는 일은 삼가야 하며 절대로 아이가 듣는 데서 제삼자에게 아이에 대해서 말하지 않도록 한다. 안 듣고 있는 것처럼 보일지라도 아이는 한마디도 놓치지 않고 있다.
어린아이에게 너무 많은 선택권을 주지 않도록 한다.

아이의 분노가 폭발했을 때는 아이와 협상하지 말아야 한다.
과장해야 한다. 아이가 당신의 보디랭귀지를 읽을 수 있도록 해 준다. 아이에게 말할 때는 재미있게 해야 한다.

갈등을 예방하는 회피전략

회피전략은 아이의 행동을 통제하는 데 중요한 역할을 한다. 영아기를 벗어나 막 유아기로 접어든 아이들은 가장 충동적이고 무모한 단계에 들어서 있다. 참여 테크닉과 그 밖에 유사한 전략들은 이 시기에 효과가 있다. 당신이 이 시기가 다가오는 것을 예견하고 적절히 조절할 수 있다면 불필요하고 피곤한 갈등을 피할 수 있을 것이다.

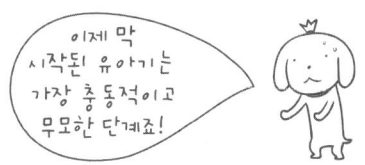

적절한 경계 설정으로 자기통제력을 길러 준다

불필요하고 피곤한 갈등을 피하려면

집 안을 안전하고 안정적이며 유혹의 소지가 없도록 관리한다. 소중한 물건들은 그냥 치워 버리면 될 텐데 왜 번번이 아이의 손에서 그것들을 뺏느라고 시간과 에너지를 낭비하는가? 47쪽 아이들의 활동지대 부분을 참조하기 바란다.

하루 중 어떤 시간이 가장 통제하기 어려운 시간인지 파악한 후 일과를 수정하면 문제가 개선될 여지가 있는지 살펴본다. 식사시각을 30분 앞당기는 것이 혈당이 낮아져서 매일 30분씩 보채는 모습을 대하는 것보다 훨씬 낫다.
어떤 활동이 아이를 가장 화나게 만드는지 파악한다. 만약 재우기 직전에 머리를 감기는 것이 늘 폭발적인 화를 불러일으켜서 취침 일과를 망친다면 하루 중 다른 시간에 머리를 감기도록 한다. 여전히 어렵겠지만 그래도 당신이 그 문제를 다루는 시기를 선택할 수 있게 되는 것이다.

아이가 활기차게 놀고 난 후 즉시 진정할 것이라고 기대하지 않도록 한다. 아이가 공원을 뛰어다니고 난 후에 집 안으로 들어와서 곧바로 안정을 되찾지는 않을 것이다.
아이를 한 가지 활동에서 그다음 활동으로 급하게 내몰지 않는다. 일정한 간격을 두고 아이에게 다음에 무엇을 할 것이라고 분명하게 예고해 주어서 아이가 스스로 마음의 준비를 할 수 있도록 한다.

늘 싸움으로 이어지는 장난감이나 게임이 있다면 당분간 그런 것들은 치워 두도록 한다. 매일매일 그것들이 물고 싸우는 뼈다귀가 되지 않게 하는 것이 좋다.
완벽함을 추구하거나 아이들의 행동에 대해서 지나치게 높은 기대를 품지 않는다. 육아라는 게임의 각 단계에서 어떤 것을 기대해야 할지 파악해 두면 도움이 될 것이다.

문제가 다가오고 있다고 느낄 때는 기분전환을 시키거나 주의를 다른 데로 분산시킨다. 이를테면 밖에서 일어나는 재미있는 광경을 이야기해 준다. "저기 정원에 작은 새 보이니? 그 새가 뭘 하고 있을까?" 또는 아이를 당신이 하고 있는 가사 일에 참여하게 한다. 아이의 주의집중 시간이 짧은 점을 활용해서 아이가 문제를 일으키지 않는 방향으로 유도한다.

적절한 경계 설정으로 자기통제력을 길러 준다

일석이조 참여 테크닉

참여 테크닉은 내가 좋아하는 방법 중 하나다. 어린아이에게 정말 효과가 있다. 특히 질투심을 다룰 때 큰 도움이 된다. 이 방법은 슈퍼마켓에서 장을 볼 때처럼 화약고 같은 상황도 바꿔 놓을 수 있다.(210쪽 참조)

어린아이들은 관심을 필요로 한다. 관심을 못 끌면 못된 행동을 한다. 문제는 당신이 아이가 원하는 관심을 기울여 주면서 다른 일들도 다 처리하기에는 하루가 짧다는 사실이다. 당신이 두 명 이상의 아이들을 키우고 있다면 당신을 여럿으로 쪼개는 방법 외에 문제를 풀 수 있는 방법들을 생각해 내야 한다.

당신이 빨랫감을 정리하거나 설거지를 하고 동생에게 밥을 먹이는 동안 어린아이가 늘 기분 좋게 혼자 놀 것이라고 기대할 수는 없다. 아이가 놀이에 몰두할 수 있는 적당한 기분일 때는 한두 번 가능할 수도 있다. 그러나 늘 놀이에 몰두하지는 않을 것이며, 특히 아이가 당신이 동생에게 관심을 주는 것을 이미 싫어하고 있는 상태라면 더욱 그럴 것이다.

해답은 아이를 당신이 하고 있는 일에 참여시키는 것이다. 대개 어린아이들은 좀 더 큰 아이들과 달리 청소, 정리, 심부름을 지루하다고 생각하지 않는다. 어린아이들은 돕는 것을 무척 좋아한다. 그것은 아이들에게 책임감을 느끼게 해 주고 자신감을 준다. 아이들은 누군가 혹은 무엇인가를 돕는 것을 자신이 잘 치러 낸 도전이라고 생각한다.

물론 당신은 아이의 능력에 맞는 일을 맡겨야 한다. 그러지 않았다가는 아이에게 좌절감만 주게 될 뿐만 아니라 대혼란을 자초하게 될 것이다. 다시 한 번 강조하지만 아이가 실패할 상황을 만들지 않는 것이 중요하다. 물론 아이가 식기세척기에 접시를 가지런히 채워 넣거나 거실 카펫에 진공청소기를 돌리는 일은 기대할 수 없다. 하지만 아이를 참여시킬 방법은 얼마든지 있다. 당신이 침대 시트를 갈 때 아이가 귀퉁이를 잡아 줄 수 있다. 세차를 할 때 아이에게 긴 겉옷을 입히고 스펀지와 물통을 줄 수도 있다. 야채를 씻을 때 아이를 의자 위에 올려 당신 옆에 세워 놓고 감자 한두 개를 씻게 할 수도 있다. 장난감 장비들을 활용하는 것도 좋은 생각이다. 어린아이들은 작은 빗자루와 쓰레받기를 좋아한다. 집안일이 좀 더 오래 걸리고 좀 덜 깨끗하게 끝날 수도 있겠지만 당신은 어쨌든 일을 마칠 것이고 아이는 당신의 관심을 받는다고 느껴서 기분이 좋아질 것이다.

특히 당신이 작은아이를 돌볼 때는 큰아이를 참여시킴으로써 질투의 싹을 잘라 버리는 것이 가장 중요하다. 목욕시간에 장난감이나 수건을 가져오라고 부탁하거나 아기에게 음식을 떠먹이는 것을 도와 달라고 함으로써 당신은 작은아이를 돌보는 동시에 큰아이에게도 관심을 줄 수 있게 된다. 일석이조가 아니겠는가.

참여 테크닉은 당신이 하고 있는 일에 대해서 이야기함으로써 아이에게 계속 관심을 줄 수 있게 해 준다. 그리고 이 테크닉에서 가장 중요한 것은 칭찬이다. 아이에게 도와줘서 고맙다고 말하고 아이가 얼마나 잘했으며 당신에게 얼마나 큰 도움이 되었는지 말해 준다.

잘했어요! 참 잘했어요!
-참여 테크닉의 윈윈 효과

그래도 단호한 대처가 필요할 때

아이가 정말 받아들일 수 없는 행동을 했을 때, 특히 당신이 보기에 고의인 것이 확실할 때, 또는 아이가 나쁜 행동을 습관처럼 하게 되었을 때 당신은 단호하고 공정한 통제를 통해 규칙을 뒷받침해 주어야 한다. 다음에 소개하는 테크닉들은 만 30개월이 넘은 아이들에게 적절한 방법들이다. 당신의 아이가 제 나이보다 매우 조숙하지 않은 한, 만 30개월이 이러한 방법들로 효과를 기대할 수 있는 최저 연령이다. 그보다 어린 아이는 당신이 아이에게 가르치려고 하는 내용을 이해할 만한 추리능력이 아직 발달되지 않았다.

만 두 살부터 다섯 살까지의 아이들이 바람직하지 못한 행동을 하는 주된 이유는 관심을 끌어서 반응을 이끌어 내려는 것이다. 두 번째 이유는 질투인데 결국은 첫 번째 이유와 일맥상통한다. 어린아이들은 자신에게 관심이 집중되도록 하기 위해서 어떤 행동이든지 할 것이다. 동생이 태어나면 당신의 관심을 독차지하던 아이에게 갑자기 심각한 경쟁 상대가 생겨나는 것이다.

야단칠 때 꼭 기억해야 할 두 가지

- 일관성을 지녀야 한다. 규칙을 엄수해야 한다. 규칙을 바꾸면 안 된다. 엄마와 아빠 둘 다 같은 방식으로 규칙을 지켜야 하며 서로를 뒷받침해 주어야 한다. 한쪽 부모에게 야단맞은 아이는 무엇인가 얻을 것이 있는지 알아보기 위해서 자연히 다른 쪽 부모에게로 간다는 사실을 기억하라. 텔레비전 경찰 드라마에서는 좋은 경찰과 나쁜 경찰이 함께 일할 수 있지만 자녀 양육에서는 일관성이 결여되면 모든 것이 불가능해진다.
- 즉각 대응해야 한다. 행동을 연기해서는 안 된다. 유아들은 오랫동안 기억하지 못한다. 아이는 나쁜 행동과 그 행동에 대한 지적 사이에 시차가 너무 길면 그 둘을 연관시키지 못한다.

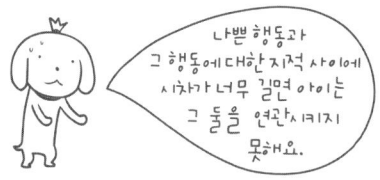

나쁜 행동과 그 행동에 대한 지적 사이에 시차가 너무 길면 아이는 그 둘을 연관시키지 못해요.

야단치거나 벌을 주면 안 되는 경우

아이가 아프거나 병에서 회복되고 있을 때는 야단치거나 벌을 주지 않는다. 어떤 부모는 수선스럽던 아이가 갑자기 다루기 쉬워지면 병이 났음을 알게 된다. 또 어떤 아이는 아프거나 이가 날 때 화를 더 잘 낸다. 아픈 아이는 올바른 처치와 애정 어린 보살핌이 필요하다.

누가 누구에게 무엇을 했는지 상당히 의심스러울 때는 야단치지 않는다. 대부분의 어린아이들은 상당히 투명해서 당신이 못 보는 사이에 일어났던 싸움에서 누가 잘못한 것인지 알아내는 게 그리 어렵지는 않을 것이다. 그렇지만 아이가 자신이 하지 않은 일에 대해서 거듭 혼나게 되면 자신이 괴롭힘을 당한다고 생각하게 되며 거짓말을 하기 시작할 것이다.

나쁜 행동이 아이에게 큰 충격을 주었고 아이가 정말로 미안해하고 있을 때는 야단치지 않는다. 아이는 만지지 말라는 소리를 거듭 들었던 화병을 깨뜨리고는 놀라서 눈물을 펑펑 쏟을 수도 있다. 아이는 이미 이 상황을 통해서 교훈을 얻었고 아마 다시는 그런 짓을 안 할 것이다.(당신도 그 화병을 아이의 손이 미치지 못하는 곳으로 치워 놓지 않은 것에 대해서 호된 교훈을 얻었을 것이다) 이런 경우에는 그냥 사고를 받아들이고 아이에게 왜 그런 일이 일어나게 되었는지 설명해 주는 것이 좋다. 아이에게 규칙을 상기시켜 주는 것으로 끝내면 되는 것이다.

일상이 심각하게 중단되었을 때는 야단치지 않는다. 이사를 가거나 동생이 태어나거나 집안에 우환이 생기는 등 아이의 세계가 혼란스러워졌을 때는 아이의 행동이 나빠질 것을 예상해야 한다. 당신은 아이가 정서적인 동요를 수용할 수 있는 여유를 만들어 주어야 한다.

아이가 이미 야단맞은 사건에 대해서는 두 번 말하지 않도록 한다. 당신의 배우자나 다른 양육자가 이미 아이의 잘못에 대해 지적하거나 벌을 주었다면 그 사건은 마무리된 것으로 보아야 한다.

열기를 식히는 심술자리 테크닉

이 테크닉의 기본 개념은 아이를 잠시 동안 현장에서 떨어뜨려 놓음으로써 진정시킨 다음 자신의 행동을 되돌아보고 사과할 준비를 하게 만들자는 것이다. 요점은 어떤 종류의 용납될 수 없는 행동들은 이런 결과를 가져온다는 점을 가르치는 것이다. 이 방법은 아이가 지켜야 할 선을 넘고 중요한 규칙을 어겼다는 사실을 분명하고 효과적으로 보여 줄 뿐만 아니라 그 상황에서 긴장을 풀어 주는 역할도 한다. 당신도 아이만큼 숨 쉴 여유가 필요하다.

심술자리가 어느 가정에서나 같은 공간일 필요는 없다. 계단도 좋고 거실 구석이나 방이어도 괜찮다. 나는 계단이 거실 등 집의 중심 공간에서 적당히 떨어져 있는 동시에 너무 외진 장소는 아니기 때문에 선호한다. 집에 계단이 없다면 아이를 방구석에 세우거나 아예 다른 방에 데려다 놓을 수도 있다.

당신이 방을 선택한다면 아이에게 자극을 주거나 주의를 끌 만한 물건이 없는 방을 고르는 것이 좋다. 아이를 장난감이 가득 찬 방이나 텔레비전이 있는 방에 데려다 놓으면 벌을 주는 의미가 없다. 아이가 지루해져서 생각할 시간이 생길 만한 장소가 필요하다. 〈슈퍼내니〉의 미국판 시리즈 첫 프로그램에서 나는 여섯 살과 두 살 난 아이들이 잘못했을 때 자기 방으로 보내는 가정을 방문했다. 이렇게 했을 때의 문제점은 아이에게 뒤섞인 메시지를 준다는 것이다. 당신은 아이에게 자기 방이 편안함과 안락함을 떠올릴 수 있는 장소가 되기를 원하지, 야단맞는 장소와 연결되는 것을 원하지는 않을 것이다.

심술자리 테크닉은 많은 육아 전문가들이 '일시중지'(Time Out)라고 부르는 방법과 동일하다. 나는 아이가 잘못된 행동을 했을 때 심술자리에 앉아 있어야 한다는 사실을 알게 한다고 해서 아이에게 해로울 것이라고는 생각하지 않는다. 그렇지만 다른 이름을 붙이는 것이 마음 편하다면 그렇게 해도 상관없다.

당신의 샘 많은 네 살짜리 아들이 여동생을 밀고 장난감을 집어 던졌다. 동생은 넘어져서 울부짖기 시작한다. 모든 반응이 증폭된다. 당신은 화가 날 것이고 걱정으로 신경이 곤두설 것이다. 일단 딸이 괜찮은지 살펴본 후에, 고함을 지르고 싶도록 만드는 아드레날린의 분출을 억제하고 심술자리 테크닉을 시도해 보자.

심술자리 테크닉의 적용 순서

이 테크닉은 나쁜 행동의 악순환을 아주 빠르게 끊어 준다. 그렇지만 당신과 배우자가 일관성을 보여야 함을 기억하라. 그리고 단계를 생략해서는 안 된다. 경고와 설명은 필수다. 흥분한 순간에 당신이 A, B를 생략하고 곧바로 C로 간다면 아무 효과가 없다.

경고 | 아이에게 가서 아이의 눈높이로 몸을 낮추고 눈을 똑바로 쳐다본다. 권위가 담긴 목소리로 경고를 한다. "그 행동은 받아들일 수 없어. 누구든지 사람을 밀거나 물건을 집어 던져서는 안 돼. 그건 나빠. 다음에는 그러지 말아라." 경고는 이 테크닉에서 핵심을 이루는 단계다. 경고는 아이에게 자신의 행동을 수정할 수 있는 기회를 준다. 당신이 경고를 생략하면 아이에게 갈 곳을 마련해 주지 않는 셈이 된다.

최후통첩 | 5분 뒤에 아이가 같은 행동을 되풀이한다. 이번에도 똑같이 낮고 단호한 어조와 자신감 있는 보디랭귀지를 써서 최후통첩을 보낸다. "엄마가 동생을 밀거나 장난감을 던지지 말라고 말했지? 이건 아주 잘못된 행동이야. 누구든지 사람을 밀면 안 돼. 다음번에 이런 짓을 또 하면 넌 심술자리로 간다."

심술자리 | 두 번의 경고에도 불구하고 아이가 또다시 잘못된 행동을 되풀이하면 즉시 아이를 심술자리로 데리고 간다. 아이를 앉히고 거기 있으라고 지시한다. 거기에 얼마나 둘 것인지는 아이의 나이에 달려 있다. 만 30개월짜리 아이에게는 2분 정도면 충분하다. 만 네 살 이상이면 5분이 적당하다.

설명 | 경고와 마찬가지로 설명도 핵심적인 단계다. 아이를 두고 떠나기 전에 왜 아이를 심술자리에 앉혔는지 설명해 준다. "누구든지 사람을 밀거나 물건을 던져서는 안 돼. 받아들일 수 없는 행동이야. 사람이 다치게 된단다. 여기 5분 동안 앉아서 네가 한 일에 대해 생각해 봐. 5분이 지나면 엄마가

와서 데리고 갈 텐데 그때는 사과를 하기 바란다. 자, 이제 여기에 있어."

사과 | 아이가 몇 초 있다가 심술자리에서 나오면 아이를 다시 데리고 가서 설명을 되풀이한다. 아이를 5분 이상 심술자리에 남겨 두지 않는다. 시간이 다 되면 아이에게 사과하기를 원한다고 말한다. 그렇지만 아이가 5분이 되기 전에 다시 나타났는데 정말로 미안해하면 그냥 오게 해도 괜찮다. 아이에게 자신이 무엇에 대해서 사과하는지 말하게 한다. "미안합니다"는 올바른 방향으로 한 걸음 다가간 말이지만 "동생을 밀어서 미안합니다"가 그보다 훨씬 더 좋다. 사람들은 내게 진심으로 하는 사과인지 어떻게 구별할 수 있느냐고 종종 묻는다. 나는 언제나 말 자체가 아니라 그 말을 하는 태도가 중요하다고 대답하곤 한다. 나는 아이가 "미안합니다아!"라고 목청껏 소리를 지르면 그건 진심이 아니라고 봐도 된다고 생각한다.

칭찬 | 아이가 사과를 하면 칭찬을 해 준다. 이건 중요하다. 당신은 아이에게 나쁜 행동을 용서해 주었다는 사실을 보여 줄 필요가 있다. "고마워. 훨씬 좋아졌구나." 일상적인 목소리로 돌아가자. 아이는 당신이 목소리를 조금 높이는 데서 오는 차이점을 알아들을 것이다.

상황종료 | 아이가 사과를 하고 당신이 칭찬을 했으면 그 사건은 종결된 것으로 취급하도록 하자. 아이가 그 이전에 하고 있던 활동에 다시 합류시키도록 한다. 아이는 자신의 잘못을 알았고 이제는 상황이 마무리되었으니 새롭게 출발할 기회를 갖게 되었다는 사실을 알게 해 주어야 한다.

마지막에 쓰는 격리 혹은 무관심 테크닉

심술자리 테크닉은 대체로 놀랍도록 효과가 있다. 그러나 어떤 경우에는, 특히 아이가 좀 더 나이가 많고 나쁜 행동이 뿌리 깊을 때는 다른 방법이 필요할지도 모른다.

심술자리 테크닉이 효과가 없다면 그 이유는 아마도 아이가 자신이 받은 관심이 비록 부정적인 관심일지라도 아직 그걸 즐기기 때문인지도 모른다. 이럴 때 격리 혹은 무관심 테크닉을 쓰면 나쁜 행동은 당신의 관심을 전혀 끌지 못한다는 사실을 보여 줌으로써 이러한 행동 패턴을 깨뜨릴 수 있다.

중요한 사실이 하나 있다. 처음부터 이 테크닉을 쓰면 안 된다. 효과가 없을 것이다. 당신이 주도하고 있음을 확실히 하기 위해서 심술자리 테크닉을 먼저 사용하도록 하자. 만약 당신이 처음부터 격리 혹은 무관심 테크닉을 사용한다면 아이는 자신이 무시당했다는 느낌을 받고 당신의 관심을 끌기 위해 계속 나쁜 행동을 할 것이다.

〈슈퍼내니〉에서 나는 편모인 켈리가 소피와 캘럼이라는 두 아이를 어떤 형태로든 통제하려고 안간힘을 쓰고 있는 가정을 방문했다. 두 아이는 자신의 집, 집에 있는 물건들, 장난감, 엄마, 할머니 그리고 서로에 대해서 조금도 존중하는 마음을 보이지 않았다. 싸움과 파괴와 공격이 끊이지 않았다. 우리가 심술자리 테크닉과 장난감 압수 테크닉을 사용하자 캘럼의 행동은 놀라울 만큼 급속히 개선되었다. 그렇지만 다섯 살짜리 소피는 엄마가 남동생과 조금이라도 좋은 시간을 보내지 못하게 하려고 공격적인 행동을 하면서 계속 말썽을 부렸다. 캘럼은 더할 나위 없이 착해졌지만 그 아이의 노력은 소피가 성질을 부리고 발길질하고 비명을 지르는 통에 묻혀 버렸다. 우리는 엄마가 자신의 목소리를 통제하도록 많은 노력을 기울였지만 소피의 비명 소리는 정말 엄마를 괴롭혔다. 그때 놀라운 효력을 발휘한 것이 이 테크닉이었다.

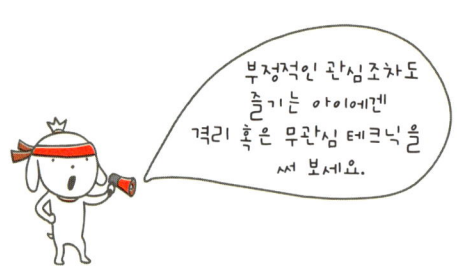

격리 혹은 무관심 테크닉의 적용 순서

이 방법에는 말로 하는 경고가 따르지 않는다. 아이가 나쁘게 행동할 때는 즉시 아이를 방에서 내보낸다. 꼭 특별한 장소로 데려가야 하는 것은 아니고 그저 당신이 있는 곳에서 아이를 격리시켜 놓으면 된다. 아이에게 그 행동은 받아들일 수 없으며 바르게 행동하고 사과할 준비가 되면 돌아올 수 있다고 말한다.

아이가 당신에게 저항해서 되돌아오면—아마 그럴 것이다—다시 내쫓아야 한다. 아이에게 어떤 관심도 보이지 않도록 한다. "난 관심 없어"라고 말해 준다. 눈을 맞추지 말아야 한다.

목소리를 통제한다. "방을 나가거라"라는 말을 낮고 권위가 실린 어조로 함으로써 매번 몸을 써서 아이를 내보내지 않도록 한다.

아이가 미안하다고 말할 때까지 그대로 밖에 두어야 한다. 그러면 당신이 예상했던 것보다 빨리 사과할 것이다. 나쁜 행동을 통해서 관심을 끄는 일에 익숙해져 있는 아이는 자신에게서 완전히 관심을 거두면 큰 충격을 받는다. 아이는 모든 수단을 다 동원해 보지만 당신은 평소와 달리 반응을 보이지 않을 것이다. 아이가 당황하는 것도 무리는 아니다.

아이가 사과했을 때는 칭찬해 주고 함께 와서 놀자고 부른다.

장난감 압수 테크닉은 장난감이 문제가 된 상황일 때

장난감 압수 테크닉은 만 세 살 이하의 유아보다는 좀 더 큰 아이들을 위한 지도방법이다. 이 테크닉에 담겨 있는 협상을 이해할 수 없는 어린아이들에게는 의미가 없기 때문이다. 나는 이 테크닉이 아이가 장난감을 부수거나 자신의 소유물을 소중히 다루지 않거나 계속 한 장난감을 놓고 다른 아이와 다투는 경우처럼 처음부터 장난감이 개입된 문제였을 때 가장 효과가 있다고 생각한다.

주의할 점은 아이가 착한 행동을 했을 때 새로운 장난감을 사 줌으로써 이 방법의 가치를 떨어뜨리지 말아야 한다는 것이다. 그렇게 하면 당신이 아무리 많은 장난감을 압수하더라도 언제나 새로운 것을 더 가질 수 있다는 메시지를 즉각 전달하게 된다.

특별 선물은 갑작스레 주어라

긍정적인 관심과 칭찬은 아이들에게 가장 효과 있는 상이다. 그것들은 효과가 즉각적이며 즉석에서 좋은 행동을 강화시켜 준다.

좀 더 큰 아이들에게는 별 스티커를 모으게 하는 표를 칭찬과 병행하는 것도 좋을 것이다. 별 스티커만으로도 아이의 발전을 충분히 북돋워 줄 수 있다. 원한다면 아이가 일정 수의 별 스티커를 모았을 때—예를 들어 다섯 개 정도, 그러나 스무 개는 너무 많다!—특별 선물을 주고 싶어질 수도 있을 것이다. 이런 종류의 상은 갑자기 주는 것이 더 좋다. 그렇지만 '서프라이즈'는 한 번만 효력이 있을 뿐이다. 다음번에 당신이 표를 이용할 때 아이는 같은 방식으로 또 상을 받을 것이라고 예상한다. 그러므로 당신이 상을 주는 방법에 대해 신중하지 않으면 자기 무덤을 파는 결과가 되고 말 것이다. 작은 선물들은 아무 문제가 없다.

당신은 아이의 착한 행동에 대해서 한도를 넘을 정도로 지나치게 상을 주지 않도록 유의해야 한다. 어쨌든 했어야 할 일을 했는데도 늘 장난감을 받게 되면 아이는 당신의 지갑을 얄팍하게 만들기 위해서 행동을 조작할 수도 있다. 그러면서 아이는 '판돈'을 올린다. 하루는 점심을 다 먹으면 스티커를 달라고 하다가 다음 날은 레고를 요구하는 사태가 벌어질 것이다.

체벌 없이도 버릇 들이기는 가능하다

독자들은 내가 체벌에 대해서는 한마디도 하지 않고 버릇 들이기에 관한 장 전체를 마치고 있음을 알아차렸을 것이다. 나는 보모이며 체벌은 보모가 사용하는 지도방법이 아니고 그래서도 안 되며 그럴 만한 근거도 있다. 당신이 체벌이 가끔은 괜찮다고 생각하든 어떤 경우에도 절대로 받아들일 수 없다고 생각하든 나는 그 논쟁거리를 여기서 다루지는 않을 생각이다.

체벌을 둘러싼 논쟁 때문에 어떤 부모들은 버릇 들이기 자체를 완전히 포기하는데 난 그건 유감이라고 생각한다. 아이는 허용되는 행동의 경계와 지도가 필요하다. 나는 여기서 당신에게 그러한 경계를 설정하고 또한 집에서 당신의 정신건강을 유지할 수 있는 효과적인 방법들이 많이 있다는 사실을 보여 줄 수 있었기를 바란다.

2

일상의 문제를 해결하는
슈퍼내니 상세 테크닉

01 마찰 없이 순조롭게 옷 입고 씻기

부모들은 아이가 커 가면서 옷 입히는 일이 전쟁이 될 것임을 알게 된다. 운동복! 미니스커트! 배꼽티! 이 문제에 일찍부터 대비하고 있는 부모들은 많지 않다. 그렇지만 나는 아이에게 옷을 입히고 입힌 옷을 벗지 못하게 막는 일이 온종일 싸움으로 이어지는 가족들을 많이 보아 왔다. 아이들이 개입되어 있는 다른 영역에서의 갈등과 마찬가지로 옷 입는 상황에서 옷 입는 것이 반드시 실제 쟁점이 아닐 수도 있다.

때로는 아이가 좀 더 많은 독립성을 요구할 때 옷 입히기가 어려워질 수도 있다. 아이는 원하는 옷을 자기가 골라서 혼자 힘으로 입기를 원한다. 그러나 아이가 옷 입기뿐만 아니라 먹기, 씻기, 놀이하기 등 다른 영역 전반에 걸쳐 나쁘게 행동하여 당신을 곤란하게 한다면 그것은 단순히 옷 입기에 국한된 문제가 아니라 통제권과 관련된 문제가 된다.

부모들은 옷 입히는 문제를 다루느라고 종종 아이에게 너무 많은 선택권을 주기도 한다. 네 살짜리 아이가 당신이 바지를 입히지 못하게 저항한다. 그래서 당신은 아이가 치마를 입고 싶어 하는지도 모른다고 생각한다. 싫어? 어쩌면 아이가 바로 그 치마를 싫어하는지도 모르지. 그래서 다른 치마를 입혀 보려고 한다. 그리고 또 다른 치마……. 결국 당신은 다시 바지로 되돌아간다. 여기까지 이르렀을 때 아이는 아무것도 입지 않은 채 달아날지도 모른다.

아이가 자신이 무엇을 입고 싶은지에 대해서 의견을 가지고 있든 그렇지 않든 옷 입기를 거부하는 행동에 대해 당신이 너무 많은 선택사항을 제시하는 방식으로 반응하면 새로운 선택사항을 제시할 때마다 당신이 지고 아이가 이기고 있다는 뉘앙스를 전달하게 된다. 아이가 정말로 원하는 것은 어쩌면 옷과는 전혀 상관 없는 것일지도 모른다. 그냥 자기 마음대로 하고 싶을 뿐일 수도 있다.

이런 상황에서 부모들이 종종 반응하는 또 다른 방식은 아이가 아직도 소매에 팔을 넣을 줄도 모르는 아기인 것처럼 아이에게 옷을 입혀 주려고 하는 것이다. 당신이 아이에게 강제로 옷을 입히려고 하다 보면 머지않아 신체적 한계에 도달하게 될 것이다. 유아는 힘없는 아기가 아니다. 아이들은 발길질을 하고 몸부림치고 달아날 수 있으며 분노를 폭발시킬 수도 있다. 당신이 원하는 것은 신발을 신기는 것뿐이었는데 말이다.

옷 입히기는 종종 서두르는 데서 문제가 일어난다. 부모에게 아이의 옷을 입히거나 벗기는 것은 빨리빨리 해치워야 하는 일이다. 외출하기 전에, 큰아이를 데리러 학교에 가기 전에, 잠자리에 들게 하기 전에 빨리 해야 할 일이라고 생각한다. 당신은 시계에 눈을 고정시키고 있다. 빨리 했으면 하는 마음뿐이다. 아이는 자신이 재촉받고 있다는 아주 희미한 눈치만 보여도 고집을 피울 것이다. 그렇게 해서 아이에게 옷을 입히는 일에 하루 종일이 걸리게 되는 것이다.

이러한 문제는 테크닉을 혼합하여 사용함으로써 아주 빨리 고칠 수 있다. 첫째, 당신은 아이가 입었으면 하는 옷을 분명히 정하고 아이 앞에 적은 수의 선택사항만 제시한다. 둘째, 당신이 하는 일에 아이가 참여하도록 하면서 혼자 옷 입는 법을 배우도록 격려해 준다. 셋째, 단호하고 공정한 통제를 통해서 거듭되는 싸움을 풀어 간다.

옷 입기를 거부할 때 너무 많은 선택사항을 제시하면 새로운 선택사항을 제시할 때마다 당신이 지고 아이가 이기고 있다는 뉘앙스를 전달하게 되지요.

옷 고르기의 함정을 조심하라

'오늘은 무슨 옷을 입을까?' 라는 질문을 아이에게 던져서는 안 된다. 당신은 아이에게 옷에 대한 발언권을 줌으로써 자신이 아이를 친절하게 다루고 있으며 아이에게 선택권을 줌으로써 혹시 일어날 수도 있는 폭발을 미연에 방지하고 있다고 생각할지도 모른다. 그러나 당신의 아이는 즉시 엄마가 답을 알지 못한다. 안 그러면 왜 물어 보겠는가? 또는 옷 입기 자체가 선택 사항인가 보다, 라고 생각할 것이다. 선택이 아이에게 전달하는 의미는 불확실성뿐이다. 누군가는 주도해야 한다. 그리고 질문을 한다는 것은 아이에게 그 주도권이 넘겨졌음을 의미한다. 그래서 아이가 주도하는 것이다.

만약 아이가 조금 더 커서 자신이 무엇을 입고 싶은지에 대해 의견을 가질 수는 있지만 아직 적절한 선택은 할 줄 모르는 상황인데 그런 아이에게 많은 선택사항을 제시했다면 아이가 한겨울에 공원에 가면서 반짝이는 반팔 윗도리를 고른다고 하더라도 놀라지 않기를 바란다. 좀 더 큰 아이가 자신이 입을 옷에 대해서 어느 정도 의사표시를 할 수 있게 해 주는 것은 당연하다. 그렇지만 옷장에 있는 모든 옷들 중에서 고를 수 있게 하는 대신 상황과 날씨에 적합한 옷들만 두세 가지 꺼내 그 중에서 고르게 하는 것이 좋다.

또는 당신이 옷장을 정리해서 여름옷은 겨울에는 치워 놓는 식으로 문제를 사전에 피할 수도 있다.

   하지만 아이가 불편하다며 어떤 옷을 계속 거부한다면 아이의 말을 들어야 한다. 아이가 입을 때마다 윗도리가 너무 낀다고 말하면 주의를 기울여 살펴보는 것이 좋다. 어떤 아이들은 살갗에 양모가 직접 닿는 느낌을 싫어해서 "너무 따갑다"라고 말하기도 한다. 할머니가 정성 들여 짠 옷이라도 아이에게 머리카락으로 만든 셔츠처럼 느껴진다면 억지로 입히지 말아야 할 것이다.

   옷과 관련된 싸움의 열기를 식히고 시간에 덜 쫓기려면 전날 밤에 옷을 꺼내 놓는 방법도 있다. 옷을 꺼낸 후 아이에게 내일 그 청바지와 윗도리를 입고 친구네 집에 놀러 가게 될 거라고 설명해 주면 일은 훨씬 수월하게 풀린다. 그렇게 되면 옷 입기는 쟁점이 아니라 외출을 포함하는 하나의 기대되는 사건이 된다.

눈 딱 감고 데리고 나가?
- 사계절이 공존하는 세계

마찰 없이 순조롭게 옷 입고 씻기

혼자 옷을 입도록 간접 도움을 준다

당신이 아이의 관점에서 생각해 보면 다른 사람이 옷을 입혀 준다는 것이 때로는 약간 무서울 수도 있음을 이해할 것이다. 한순간에 당신의 팔이 소매 안으로 쑤셔 넣어지고 그다음 당신이 알아차리기도 전에 다리가 타이츠 안으로 억지로 들이밀어지고 머리에 스커트가 뒤집어 씌워져서 앞을 보거나 숨 쉬기 불편하게 된다고 상상해 보라.

당신이 아이에게 서둘러 옷을 입히게 되면 당신은 그다지 부드럽게 입히지 않거나, 다음에 할 일에 대해 아이에게 준비할 시간을 충분히 주지 않게 될 가능성이 많다. 당신도 자기 몸집의 두 배 이상 되는 사람이 예고도 없이 옷을 당신의 머리에 뒤집어 씌우거나, 소매 끝으로 손이 나오도록 팔을 잡아 뽑거나, 급하게 지퍼를 올리다가 살을 꼬집는다면 싫지 않겠는가.

당신은 아이가 아주 어릴 때부터 아이 혼자 옷을 입도록 도움을 줄 수 있다. 첫 단계는 아이를 옷 입는 과정에 참여시킴으로써 이리저리 몰리고 있다는 느낌을 갖지 않게 해 주는 것이다. 아이에게 당신이 지금 무엇을 하고 있으며 다음에는 무엇을 할 것인지 계속해서 이야기해 주도록 하자.

"자, 이제 윗도리를 입자. 소매에 팔을 넣을 수 있겠니? 잘했어. 자, 이제 반대쪽 팔도 해 보자." 칭찬을 많이 하면 옷 입기가 한결 부드럽게 진행될 것이다.

두 번째 단계는 보다 능동적인 참여를 하도록 격려하는 것이다. 복잡하지 않은 옷을 골라서 아이가 혼자 입는 법을 쉽게 배울 수 있도록 해야 한다. 아이는 신발 끈을 묶거나 귀찮은 단추를 채울 수는 없겠지만 지퍼를 올리거나 끈을 잡아당길 수는 있다. 끈이나 버클이 달린 신발보다는 벨크로(일명 찍찍이)로 죄는 신발이 더 좋다.

놀이는 아이에게 혼자 옷을 입도록 격려해 주는 또 다른 방법이다. 인형에게 옷을 입혔다 벗겼다 하는 것이 놀이가 아니고 무엇이겠는가? 또 단추를 채우거나 신발 끈을 묶는 기본적인 옷 입기 기술을 아이에게 가르치도록 고안된 교육적인 장난감을 사 주는 방법도 있다.

아이가 옷 입는 방법을 배우는 동안 좌절감을 느끼게 되고 그 좌절감이 순식간에 분노의 폭발로 이어지는 경우도 적지 않을 것이다. 그래서 아이가 실패할 여지를 주지 말아야 한다. 어느 날 갑자기 아이가 완전히 혼자 할 수 있다고 생각하고 아이에게 옷 입기를 일임한 채 아이가 잘못 입을 때 고쳐 줄 태세로 뒷짐 지고 서 있기만 해서는 안 된다. 아이에게 방법을 보여 주고 아이가 참여하도록 도와준다. 당신이 한쪽 신발을 신겨 주고 다른 쪽 신발은 아이에게 신으라고 해 본다. 어떻게 하는 건지 설명해 주어야 한다. "벨트를 고리 사이로 넣어야 해. 그렇지! 자, 이제 잡아당겨 봐."

문제상황 : 옷 입기와 벗기를 거부한다

어린아이들은 종종 잠자리에 드는 시간을 늦추는 방편으로 옷 입기를 질질 끌거나 피하려고 한다. 이럴 때 쟁점이 되는 것은 옷이 아니다. 똑같은 상표가 붙은 똑같은 색깔의 똑같은 운동복을 입겠다고 고집하는 행동은 아직까지는 문제로 등장하지 않을 것이다. 많은 유아들이 옷을 벗고 알몸으로 돌아다니는 것을 좋아하지만 아이들이 특별히 옷을 싫어해서 그러는 것은 아니다. 아이들은 그저 입기 전에 언제나 벗어야 한다는 사실을 재미있어하고 있는 것뿐이다.

옷을 입고 벗는 일이 거듭해서 비명을 지르고 발길질을 하는 행동으로 이어지는 아이라면 단호하고 공정한 통제가 필요하다. 사소한 문제 같지만 당신이 제대로 다루지 않으면 옷 입는 일이 하루 종일을 소모하는 싸움으로 이어지게 될 것이다.

해결방법 : 선택의 여지는 좁히고 시간은 충분하게

- 당신의 하루 일과 중에서 옷 입히기에 충분한 시간을 할애하는 것이 좋다. 당신은 몇 초 만에 옷을 입을 수 있고 옷 입기가 무슨 활동이냐고 생각할지도 모르지만 아이에게는 훨씬 많은 시간이 필요하다.
- 전날 밤에 옷을 꺼내 놓되, 아이에게 너무 많은 선택사항을 주지 않도록 한다. 유아에게는 두 가지면 충분하다. 아이는 옷이 적당한지를 기

준으로 선택할 만큼 분별력이 있지 않고 스타일과는 전혀 무관하다. 마음대로 하게 두면 아이는 벌거벗거나 바지를 머리에 뒤집어 쓴 채 슈퍼마켓에 갈지도 모른다.

- 만 세 살짜리 유아에게는 날씨와 용도에 적당한 옷을 중심으로 세 가지 중에서 고르도록 가짓수를 늘려 줄 수 있다.
- 아이가 참여하고 성취할 수 있는 작은 일을 시키면서 혼자 옷을 입도록 격려해 주어야 한다.
- 긍정적이면서 아이의 참여를 유도하는 말을 계속 해 준다. 칭찬을 많이 해 주는 것이 좋다. 재미있게, 심지어는 부모 자신이 바보 같다고 여겨질 정도라도 좋다.
- 만약 옷 입기가 반항, 공격성, 기타 다른 형태의 나쁜 행동으로 이어지면서 심각한 문제가 되면 심술자리 테크닉(98쪽 참조)을 사용하는 것이 좋다. 이때 경고와 설명 과정을 잊어서는 안 된다.

마찰 없이 순조롭게 옷 입고 씻기

문제상황 : 까다롭게 옷을 고른다

꼭 할로윈 축제가 아니더라도 토요일 아침에 동화 속 공주나 액션 영웅처럼 차려입고 부모와 쇼핑을 나온 아이들을 종종 만날 수 있다. 사실 나도 스파이더맨을 데리고 길을 걸어 본 적이 있다. 만약 아이가 옷 입는 일에 순순히 응하고 옷 입는 문제를 의견충돌로 발전시키지만 않는다면 아이가 동화 속에 나올 법한 옷을 입고 슈퍼마켓에 가거나 치마와 끔찍하게 어울리지 않는 타이츠를 신는다고 해서 큰 문제가 생기는 것은 아니다. 부모는 냉정함을 유지하는 방법을 터득해야 한다. 멋을 부리는 아이가 항상 까다롭게 옷을 입는 것은 아니다. 아이가 아이답게 차려입겠다고 하는 것은 허용해 주어야 한다. 옷 입기도 아이들에게는 놀이의 일부인 것이다.

하지만 아이가 특정 색깔이나 옷에 대해 까다롭게 군다면, 예를 들어 초록색이 아닌 옷이나 공룡 그림이 없는 옷은 안 입겠다고 한다면 그때는 문제가 되기 시작한다. 당신이 양보하기 시작하면 몇 달 동안 그런 현상이 지속될 수도 있다.

해결방법 : 그 옷은 세탁 중이야

☞ 까다롭게 옷을 입으려는 징조가 보이는지 살펴보아야 한다. 오랜 기간 지속되어 행동유형으로 굳어진 다음에 고치려고 하는 것보다 싹이 틀 때 잘라 버리는 것이 훨씬 쉽다.

- 아이가 옷을 까다롭게 입으려는 징조가 보이면 한 걸음 뒤로 돌아가야 할지도 모른다. 아이에게 제한된 선택을 허용하는 대신 아예 선택을 하지 못하게 한다. 전날 밤에 옷을 꺼내 놓고 아이가 집착하는 옷은 치워 버린다. 아이에게 그 옷은 세탁 중이라고 말해 주면 된다. 아마 지금쯤은 정말 빨래할 때가 되지 않았을까!
- 아이가 옷 입기를 별문제 없이 순순히 마쳤을 때는 긍정적인 강화를 충분히 해 주어야 한다. 별 스티커를 붙이는 표 정도면 당신이 아이의 긍정적인 행동을 인정했다는 사실을 보여 주는 적절한 방법이 될 것이다.

지켜보고 도와주고 일과를 상기시켜라

목욕하기, 양치질하기, 엉킨 머리 빗기, 손 씻고 세수하기, 손발톱 깎기 등은 일과에서 옷을 입고 벗는 일과 밀접하게 연관되어 있다. 대부분의 아이들은 물을 좋아하기 때문에 싱크대나 목욕탕에서 물장난을 하도록 달리 격려해 줄 필요는 없다.

그러나 끝까지 지켜보고 실제적으로 도와주어야 할 뿐만 아니라 일과의 순서를 끊임없이 상기시켜 주는 것은 필요하다. 아이는 양치질을 하거나 손을 씻는 일이 싫어서 안 하는 것이 아니라 잊어버리기 때문에 건너뛰는 것이다.

아이는 이를 닦거나 손을 씻는 일이 싫어서 안 하는 것이 아니라 잊어버리기 때문에 건너뛴답니다.

불고, 불고, 또 불었다.
-30년 만의 비눗방울 놀이

마찰 없이 순조롭게 옷 입고 씻기

깨끗하고 유쾌하게 씻으려면

어떤 활동에서 씻는 일로 넘어가게 될 때, 특히 퍼즐을 맞출 때처럼 다른 일을 하고 있는 도중일 때는 분명하고 반복적으로 예고를 해 주는 것이 좋다. 아이의 관점에서 바라보자. 당신이 이메일을 보내고 있는데 누군가가 하던 일을 멈추고 쓰레기를 내다 버리라고 한다면 싫지 않겠는가. 아이들은 목욕시간이 갑자기 닥치면 종종 그것을 거부한다. 아이들이 목욕을 싫어하는 것은 아니다. 사실 일단 아이를 목욕탕에 넣기만 하면 아이는 완전히 만족한다. 다만 예고 없이 한 가지 일을 중단하고 다른 일을 시작하는 것을 싫어할 뿐이다. 만약 당신이 이와 같은 식으로 아이에게 준비를 시키지 않는다면 목욕탕에서 나와야 할 때도 똑같이 거부할 것이다.

아이에게 묻지 말고 그냥 하라고 말하는 것이 좋다. "지금 양치질을 하면 좋겠구나" 또는 "자, 양치질!"이라는 말이 "싫어요" 또는 "하기 싫어"라는 대답을 이끌어 낼지도 모를 물음—"지금 양치질 하겠니?"—보다는 훨씬 효과적이다.

당신이 큰아이와 작은아이에게 동시에 관심을 주어야 할 때는 참여 테크닉을 사용하는 것이 좋다. 큰아이에게 칫솔에 치약을 짜는 것 같은 간단한 일을 주어서 당신을 돕게 하고 도와준 것에 대해서 많이 칭찬해 주도록 하자.

아이가 당신이 양치질하고 머리 빗고 세수하는 모습을 지켜보게 한다. 아이들은 당신의 말을 들을 때보다 행동을 지켜보면서 더 많은 것을 배우게 된다. 아이들은 또 자신보다 큰 아이들을 보면서도 배운다. 당신이 하고 있는 것을 설명해 주면 도움이 된다. "자, 이제 네 이에서 감자와 당근 조각들을 닦아 내자." 그러면서 동시에 보여 주도록 한다. "엄마도 이를 닦을게."

나는 마임과 노래를 즐겨 활용한다. "우리는 이렇게 이를 닦지요.(또는 세수를 하지요) 이를 닦지요 – 이를 닦지요 – 이를 닦지요 –"

아이가 혼자 양치질을 하도록 격려해 주되, 아이가 다 닦고 난 뒤에는 어금니까지 확실하게 깨끗해지도록 당신이 한 번 더 닦아 주도록 한다.

어떤 아이들은 머리 감는 것을 무척 싫어한다. 그냥 물이 무서운 것일 수도 있고 물이 코로 들어가거나 샴푸가 눈을 따갑게 하기 때문에 싫은 것일 수도 있다. 어쩌면 샤워꼭지가 원인일지도 모른다. 아이에게 당신이 머리 감는 모습을 지켜보게 하고 샴푸와 컨디셔너가 어떤 작용을 하는지 설명해 준다. 만약 부드러운 천으로 얼굴을 가리는 것이 아이에게 보다 편안한 느낌을 준다면 그렇게 하는 것도 한 방법이다. 또는 물과 샴푸가 얼굴로 흘러내리지 않도록 막아 주는 샴푸 차양을 활용하는 방법도 있다. 아이가 샤워꼭지를 싫어한다면 그 대신 플라스틱 컵으로 물을 부어서 머리를 헹구면 된다. 나는 아이에게 내가 언제 물을 부을 것인지 알려 주는 방법을 선호한다. "하나, 둘, 셋! '셋' 하면 조 아줌마가 물을 부을 거야."

목욕탕에 항상 고무매트를 깔아서 아이가 미끄러지지 않도록 해야 한다. 물이 너무 차갑거나 뜨겁지 않은지 미리 확인하는 것도 중요하다. 아이들은 아주 쉽게 덴다. 또 빌판을 마련해서 양치질이나 세수를 할 때 아이가 세면대에 닿을 수 있게 해 준다. 아이들은 자신이 무엇을 하는지 볼 수 있을 때 가장 잘 배운다. 그러므로 아이들이 거울을 볼 수 있게 해 주는 것이 바람직하다.

어떤 아이들은 목욕탕에 들어가는 것 자체를 꺼린다. 아이의 말을 진지하게 받아들이고 억지로 강요하지 않는다. 그 거리낌 뒤에 무슨 이유가 있는지 알아내도록 한다. 어쩌면 당신이 동시에 너무 여러 아이를 씻기려고 하기 때문일지도 모른다. 만약 아이가 정말로 물에 대한 공포가 있다면 서서히 자신감을 길러 주어야 한다. 아기 목욕통에 아이를 세우고 스펀지로 닦아 준다. 아이에게 다시 욕조에 들어가 보라고 권하기 전에 아기 목욕통을 물이 얕게 채워져 있는 욕조 안으로 옮겨 준다. 아이의 자신감을 더욱 길러 주기 위해서 아이와 함께 수영장에 가거나 아이와 함께 욕조에 들어가서 그 안에 무서워할 것이 전혀 없음을 보여 주는 것도 한 방법이다.

장난감과 게임을 동원해서 목욕시간을 재미있게 해 주어야 한다. 거품 목욕은 신난다. 또 아이가 목욕탕 안에서 비눗방울을 불 수 있게 해 주는 것도 좋다. 그런 식으로 뒤처리가 번거로운 놀이를 하기에 목욕탕보다 더 좋은 장소가 어디 있겠는가. '~이 된 셈 치고' 하는 가상놀이도 도움이 된다. "네가 어떻게 돌고래가 될 수 있는지 보여 줄래?"

슈퍼내니의 10가지 으뜸 원칙

<마찰 없이 순조롭게 옷 입고 씻기>에 적용할 수 있는 10가지 원칙을 소개한다.

1. 칭찬이라는 상을 줘라 아이가 적절하게 행동했을 때 칭찬해 준다. 그런 행동을 처음 한 번만 칭찬해 주라는 것이 아니다! 또 바람직한 행동을 강화하거나 까다로운 옷 입기의 패턴을 깨기 위해서 별 스티커를 붙이는 표를 활용하는 것도 좋은 방법이다.

2. 일관성을 유지하라 당신과 배우자가 같은 방식으로 일과를 따르며 같은 규칙을 지키도록 한다. 당신이 아이 혼자 옷을 입도록 격려하는 상황에서도 이러한 원칙은 동일하게 적용된다. 그리고 아이에게 필요한 모든 일을 당신이 대신 해 줌으로써 아이가 배우려고 하는 시도를 방해하면 안 된다.

3. 일과표를 만들어서 지켜라 옷 입기에, 특히 아침에 옷을 입을 때 충분한 시간을 할애하도록 한다. 몇 분 만에 끝날 것이라고 기대해서는 안 된다.

4. 허용되는 경계를 설정하라 어린아이에게 무엇을 입을지 너무 많은 선택사항을 주지 말아야 한다. 당신이 아이에게 법석을 떨지 않고 옷 입기를 기대한다는 사실과 옷을 입으라고 했을 때는 꼭 옷을 입기를 기대한다는 사실을 분명하게 전달한다. 동시에 아이가 할 수 있는 일이 무엇인지, 얼마나 빨리 할 수 있는지에 대해서 현실적인 기대를 해야 한다.

5. 단호하고 공정하게 통제하라 단호하고 공정한 통제로 당신의 규칙들을 뒷받침해야 한다. 만약 옷 입기가 공격, 반항 또는 다른 받아들이기 어려운 행동으로 이어지면 심술자리 테크닉을 활용하되 경고와 설명을 반드시 포함시켜야 한다.

6. **예고와 경고를 잊지 말아라** 아이에게 옷 입을 시간과 씻을 시간, 목욕탕에 들어갈 시간과 나올 시간을 거듭해서 상기시켜 주어야 한다. 느닷없이 활동을 바꾸면 안 된다. 아이에게 바로 다음에 어떤 일을 하게 될지 알려 주어야 한다.

7. **구체적으로 설명하라** 아이에게 옷을 입고 씻고 양치질하는 방법을 보여 주고 설명해 주어야 한다. 깨끗이 하는 것이 왜 중요한지, 여러 가지 제품들의 용도는 무엇인지 설명해 주도록 한다. 열심히 궁리하여 설명을 재미있게 해야 할 것이다.

8. **절대 흥분하지 말아라** 아이에게 소리 지르며 지시사항을 전달해서는 안 된다. 침착하고 권위가 실린 음성을 사용한다. 아이를 재촉하지 말고 아이가 당신이 시간에 쫓기고 있다는 사실을 알아차리지 못하게 해야 한다. 억지로 옷을 입히면 안 된다.

9. **성취감을 주는 활동에 참여시켜라** 아이가 혼자 옷을 입도록 격려한다. 복잡한 여밈 장치가 없는 옷을 선택해서 쉽게 배우도록 해 준다. 당신이 다른 아이도 돌보아야 할 때는 참여 테크닉을 활용하는 것이 좋다.

10. **긴장을 풀고 좋은 시간을 보내라** 가상놀이로 목욕시간을 재미있게 만들자. 목욕시간은 잠자리에 들기 전에 긴장을 풀고 우스꽝스러운 놀이를 할 수 있는 좋은 기회. 이렇게 놀이처럼 접근하는 방법이 옷 입기에도 효과가 있다.

02 적기에 자연스럽게 대소변 가리기

많은 부모들이 아이의 기저귀를 떼는 일에 집착한다. 언제쯤 어떤 방법으로 기저귀를 떼야 할까? 만 두 살에 배변훈련이 된 아이는 놀라울 만큼 잘하고 있는 것이다. 그렇다고 당신도 그것을 목표로 삼아야 한다는 뜻은 아니다. 배변훈련은 보통 만 두 살 반에서 세 살 사이에 시도되는데, 그것은 그 시기에 배변훈련을 하면 매우 수월하게 좋은 결과를 얻을 수 있기 때문이다. 당신이 시기를 적절히 맞추면 1~2주일 만에 아이의 기저귀를 뗄 수 있다. 그러나 아직 아이가 준비되지 않았는데 훈련을 시작하거나 당신의 편의에 따라서 훈련을 시작했다가 중단했다가 하면 훨씬 더 오래, 심지어는 몇 달이 걸릴 수도 있다.

물론 아이가 기저귀를 뗀다는 것은 부모로서는 무척 반가운 단계에 접어드는 것을 의미한다. 그러나 오늘날에는 일회용 기저귀가 일반화되어 있어서 기저귀를 뗀다는 것이 살균제와 표백제를 푼 양동이에 냄새 나는 천을 담갔다가 몇 시간씩 빨아야 하는 수고에서 벗어나게 해 준다는 의미는 아니고 단지 쇼핑리스트에서 기저귀라는 항목을 지워 버리고 당신의 일과에서 좀 성가시고 냄새 나는 일을 안 해도 된다는 것 정도에 불과하다.

배변훈련을 너무 일찍 시작해서는 안 되지만 이런 자연스러운 생리현상에 대해서 느긋하고 편안하게 대해 줌으로써 아이들을 준비시킬 수는 있다.

나는 우리들이 생리현상을 대할 때 너무 긴장한다고 생각한다. 화장실 유머가 존재한다는 사실 자체가 들어간 것은 결국 나온다는 인생의 단순한 현상에 대해서 아직도 많은 사람들이 불편하게 느끼고 있다는 분명한 증거다.

엄마, 나는 아직 준비가 안 되었다구요.

아이가 준비되었는지 어떻게 알 수 있을까

결국은 방광과 장의 통제로 이어지게 될 신체적인 발달은 약 18개월경에 시작된다. 그렇지만 아이가 언제 화장실에 가야 하는지 알 수 있고 스스로 용변을 볼 수 있게 되기까지는 일 년가량 시간이 더 걸린다.

아기는 대개 먹고 난 직후 또는 먹는 도중에 반사행동으로 소변이나 대변을 보게 된다. 만 두 살 정도 되면 아이는 용변을 보기 전에 무엇인가가 일어나려고 한다는 사실을 알아차리기 시작할 것이다. 아이는 몇 초 전이나 심지어는 대소변을 보는 도중에라도 그 사실을 당신에게 알릴지 모른다. 그것 자체는 당장 팬티와 용변기를 꺼내오기에 충분히 준비가 되었다는 신호는 아니지만 분명히 올바른 방향으로 가고 있다는 신호는 된다.

적당한 시기가 되었는지 알 수 있는 또 한 가지 방법은 아이의 기저귀를 살펴보는 것이다. 아이가 마신 수분의 양과 아이의 기저귀가 젖은 정도를 비교해 본다. 만약 기저귀가 전보다 오랫동안 보송보송하다면 아이는 스스로 조절할 날이 머지않은 시점에 이른 것이다.

아이들은 대체로 대장의 조절이 방광의 조절보다 먼저 이루어진다. 대변의 욕구는 소변의 욕구보다 약간 덜 긴급하고 참는 게 더 쉽기 때문인데 어떤 아이의 경우에는 그 반대일 수도 있다. 밤에 소변을 보지 않는 것은 언제나 배변훈련의 최종 단계다. 아이가 정말 준비되었을 때는 낮 시간 동안 소변을 가리도록 배변훈련을 시킬 수 있지만 그러고도 얼마 동안은 밤에 기저귀를 채워야 한다고 예상하는 것이 좋다.

내가 너무 이른 배변훈련이 십중팔구 실패할 것이라고 생각하는 또 한 가지 이유는 의사소통이 성공에 필수적인 요인이기 때문이다. 대부분 만 두 살짜리 아이들의 언어구사력은 잘해야 개략적일 뿐이다. 당신은 아이에게 배변의 과정에 대해서 설명하고 용변을 보러 가야 하는 징조를 어떻게 알아내야 할지 아이에게 가르쳐 줄 수 있어야 한다. 또한 아이는 화장실에 가고 싶을 때 당신이나 다른 양육자에게 그 사실을 알릴 수 있어야 한다. 부모들은 유아의 표정이나 자세에서 아이가 기저귀에 용변을 보려고 한다는 사실을 알 수 있을 것이다. 그렇지만 쪼그리고 앉거나 얼굴에 예측가능한 표정을 짓는다고 해서 배변훈련을 시작할 만큼 충분한 준비가 되었다고 확신할 수는 없다.

아이가 준비된 것처럼 보이더라도 집안에 변화가 있을 때 예컨대, 이사를 간다거나 동생이 곧 태어나는 등 일상에서 벗어난 사건이 일어날 때는 그러한 변화가 지나갈 때까지 배변훈련을 연기하는 것이 좋다.

대소변 가리기는 칭찬과 인정으로

삶에 있어서 자연스러운 현상인 대소변에 대해서 아이가 수치심이나 혐오감을 느끼는 듯한 조짐이 보이면 배변훈련 준비를 시켜야 한다. 당신이 화장실에 갈 때 문을 닫고 그냥 사라져 버리지 않도록 하자. 문을 열어 두는 것이 좋다. 아이를 화장실에 함께 데리고 들어간다. 무슨 일이 벌어지는지, 휴지는 무엇에 사용하는 것인지 설명해 주고, 어떻게 손을 씻는지도 보여 주도록 한다. 당신이 아이를 적절하게 준비시킨다면 당신은 배변훈련과 위생훈련 두 가지를 동시에 시킬 수 있다.

유아용 용변기와 휴대용 용변기를 준비한다. 나는 용변기는 단순하고 평범한 것이 좋다고 생각한다. 용변기에 대해서 너무 법석을 떨지 않는 것이 좋다. 용변기는 왕좌나 장난감, 의자가 아니라 그저 손쉽게 들고 다닐 수 있는 화장실일 뿐이다.

비슷한 맥락에서 나는 기저귀와 팬티의 중간 단계로 사용하는 팬티형 기저귀도 그다지 선호하지 않는다. 내 생각으로는 기저귀 아니면 팬티로 족하다. 그 이외의 것들은 오히려 혼란만 더해 줄 뿐이다. 내가 팬티형 기저귀를 사용하는 유일한 상황은 아이가 밤 기저귀까지 졸업하는 과정의 잠깐 동안

만이다.

　용변기가 단순하고 평범해야 하는 반면 용변을 가리게 된 아이를 팬티와 예쁜 옷으로 멋을 내서 시내에 데리고 나갈 수는 있다. 성공적으로 배변훈련을 마친 데 대해 분명하게 보상해 줄 수 있는 방법이 또 있다. 아이들은 기저귀에서 팬티로 넘어갈 때 좋아서 어쩔 줄 모른다. 아이들이 좋아하는 만화 캐릭터가 그려져 있는 팬티라면 더욱 멋질 것이다.

　배변훈련을 따뜻한 계절에 할 수 있다면 당신이 아이에게 계속 용변기를 사용하도록 권고한다는 조건하에 아이가 아랫도리를 벗고 다니게 해 줄 수도 있다. 그렇지만 그런 방법이 때로는 비효율적일 수도 있다. 아이가 옷이 척척해지는 게 어떤 느낌인지 알지 못한다면 통제해야겠다는 동기가 약해질 수도 있기 때문이다. 그런 면에서 만약 아이가 옷에 용변을 보더라도 그 즉시 벗기려고 서두르지 않는 것이 좋다. 아이가 다음에는 그런 상태를 피하고 싶다고 느끼게 해야 하기 때문이다.

아이들이 좋아하는 만화 캐릭터가 그려져 있는 팬티를 준비하면 배변훈련의 성공에 대한 멋진 보상이 됩니다.

성공적인 대소변 가리기, 어떻게 도와줄까

아이가 용변을 보고 싶어 할 때의 기색을 알아차리도록 주의를 기울여 관찰한다. 성기를 붙잡는 것은 분명한 표시다.

배변훈련을 하는 동안에는 복잡한 옷을 피하는 것이 좋다. 빨리 잡아당겨 벗을 수 있도록 고무줄을 넣은 바지가 단추나 지퍼가 달린 바지보다 좋다.

하루 종일 아이에게 얼마만큼의 수분을 마시게 했는지 기억해 둔다.

화장실에 가고 싶을 때는 어떤 느낌이 드는지 설명해 준다. "뱃속에서 느낄 수 있니?" 당신의 아랫배를 누르면서 무슨 이야기를 하고 있는 것인지 보여 준다. 그림을 그리듯 상세하게 알려 줄 필요는 없다, 해부학 수업이 아니니까. 그저 아이에게 그런 느낌과 그 후에 이어지는 사건 사이에 연관관계가 있음을 이해시켜 줄 수 있으면 된다.

아이가 대소변을 제대로 보았을 때는 칭찬해 준다. 배변훈련은 전적으로 칭찬과 인정에 기초를 두고 있다. 끊임없이 긍정적인 강화를 해 주어야 한다.

"쉬하고 싶어?" 거듭, 거듭해서 물어 보자. 필요하다면 하루에 백만 번이라도 물어 본다.

용변기를 아이가 편안해하는 장소에 두자. 그렇지만 텔레비전 앞에 놓아 두는 것은 금물이다. 만약 텔레비전 앞에 용변기를 두면 그건 의자가 되어 버리고 아이는 집중력과 메시지를 놓치고 말 것이다. 일단 아이가 배변에 대해 감을 잡기 시작하면 용변기를 본래 있어야 할 장소인 화장실에 둔다.

화장실에 아이와 함께 감으로써 아이를 격려해 준다.

어떤 아이들은 수줍음을 타서 한쪽 구석에서 용변기를 사용하고 싶어 할 수도 있다는 사실을 염두에 둔다. 아이가 프라이버시를 원하면 그렇게 해 주도록 한다.

배변훈련이 시작되자마자 아이를 다양한 상황에 노출시키는 것이 좋다. 배변훈련이 진행되는 1~2주일 동안 집에만 묶여 있는 것은 바람직하지 않다. 바깥으로 나가는 것이 어떤 느낌인지 경험하게 한다. 공원으로도 외출을 해 본다. 드라이브도 한다. 이렇게 외출할 때는 기저귀를 채우지 않아야 한다. 휴대용 용변기를 챙기고 언제라도 길가에 차를 세울 각오를 하는 것이 좋다. 외출은 짧고 즐겁게 해야 한다.

외출하기 전에 아이에게 소변을 보자고 말해 본다.

일관성을 유지한다. 그것이 절대적으로 중요하다. 당신의 불편함은 이차적인 문제다. 만약 당신이 주말에 부모님 댁에 간다고 해서 불편함을 피하기 위해 다시 기저귀를 채워서는 안 된다. 어떤 순간에는 팬티가 괜찮다고 했다가 또 어떤 순간에는 기저귀가 괜찮다고 하면 아이에게 혼란만 줄 뿐이다.

침착하고 자신감 있게 대처해야 한다. 불안감을 더하거나 서둘러서 상황을 무겁게 만들지 말자.

어른이 방해가 되지 말아야 한다. 나는 공공장소에서 아이를 변기에 앉히고 손이나 무릎을 잡아서 안정시켜 주어야 할 때면 아이가 집중할 수 있도록 언제나 다른 곳을 바라본다.

위생훈련의 기회로 활용하자

배변훈련 시에는 유아용 용변기가 통상적인 화장실보다 아이에게 훨씬 안정감을 준다. 보통의 화장실에서는 아이의 발이 바닥에서 뜬 채 허공에서 흔들리게 되고 자기 엉덩이보다 훨씬 크고 넓은 변기에 올라앉게 되기 때문이다. 많은 아이들이 변기의 물을 내리는 것을―특히 자기가 그 위에 앉아 있을 때―상당히 무섭다고 여긴다.

그러나 어느 단계에 이르면 아이는 유아용 용변기를 떠날 수 있게 된다. 아이가 쉽게 변기에 앉을 수 있도록 발판을 마련해 주면 화장실 사용에 보다 빨리 적응할 수 있게 된다. 또 변기에 어린이용 좌석을 깔아서 아래로 빠질 것 같은 느낌이 들지 않게 해 준다.

배변훈련을 위생훈련과 함께 할 수 있도록 모든 기회를 활용하는 것이 좋다. 아이에게 볼일이 끝난 후에는 손을 씻도록 상기시켜 주고 실천하는지 지켜본다. 나는 만으로 네댓 살이 되면 아이 혼자 밑을 닦도록 기대하는 것이 전혀 무리가 아니라고 생각한다. 물티슈가 더 쉽다면 물티슈를 주어도 좋다. 아이가 제대로 닦았는지 당신이 확인해 주면 된다.

황금 보듯 하세요.
—내가 얻어 낸 대견한 결과물

아이가 실수했을 때는 대수롭지 않은 듯 처리하자

아이들은 누구나 실수로 한두 번 팬티에 소변이나 대변을 쌀 수 있다. 이런 종류의 실수는 아이가 자신의 생리현상을 알아채지 못할 만큼 흥분하거나 산만해져 있을 때 종종 일어난다. 실수를 하고 나면 아이는 동요할 것이다. 이때 당신이 대수롭지 않다는 듯이 행동하는 것이 중요하다. 지나치게 관심을 보이거나 위로해 주면 아이는 실수하는 것도 쓸모가 있겠다는 생각을 하게 된다. 실수를 침착하게 있는 그대로 처리하자. 아이에게 이런 일들은 있을 수 있다고 말해 준 후 잊어버린다.

당신이 무리한 기대를 하지 않으면 사고를 예방할 수 있다. 아이가 화장실에 가고 싶다고 할 때는 정말 가고 싶은 것이다. 아이가 오래 참을 수 있을 것이라고 기대하지 말고 아이의 말을 진지하게 받아들여야 한다.

때로는 아이가 화장실에 가는 것을 귀찮아하거나 화장실에 가면 너무 재미있는 일을 놓치게 될 것이라고 생각하다가 실수를 하기도 한다. 아이에게 그런 행동은 받아들여지지 않음을 알려 주어야 한다. 아이가 마지막 순간까지 참고 있다면 아이에게서 미리 짐을 덜어 주는 것이 좋다. 당신이 먼저 아이에게 지금 화장실에 가라고 말한다. 차에 타기 전에 말이다.

밤에 오줌을 싸는 것은 당신이 너무 일찍 밤에 기저귀를 뺐다는 증거다. 당신은 밤에 기저귀를 빼기 전 며칠 동안 밤에도 연달아 기저귀가 보송보송하다는 사실을 확인해야 한다. 그러나 밤에 오줌을 싸는 것은 정서적인 동요를 암시할 수도 있다. 어떤 아이들은 낯선 침대에서 자는 것만으로도 동요한다. 새로 동생이 생겼다거나 이사를 했거나 무서운 꿈을 꾼 것도 같은 결과로 이어질 수 있다. 이러한 이유들은 정서적인 문제이므로 조심스럽게 다루어야 하며 꾸짖어서는 안 된다.

또한 야뇨증은 아이가 병이 났을 때도 일어난다. 야뇨증이 어둠에 대한 두려움이라든가, 어린아이가 밤중에 화장실에 가는 것을 꺼리는 것과 연관되어 있다면 밤에는 용변기를 침실에 넣어 주고 야간등을 켜 두는 것이 좋다.

문제상황 : 밤에 지속적으로 오줌을 싼다

조금 큰 아이들이라도 야뇨증이 드문 일은 아니다. 그러나 아이에게는 당황스러운 일이며 당신에게는 일거리가 생기는 것이다. 이런 현상이 일어나는 이유는 여러 가지가 있을 수 있다. 스트레스와 정서적인 문제가 종종 원인이 된다.

때로는 아이의 요도에 염증이 생겼을 수도 있다. 만약 당신이 뚜렷한 원인들을 모두 배제시켰는데도 실수가 규칙적으로 지속된다면 아이가 야뇨증을 관심을 끌기 위한 수단으로 사용하고 있는 것인지도 모른다.

아이가 밤에 지속적으로 오줌을 싼다고 해서 아이를 당신의 침대로 데려와야겠다는 생각을 해서는 안 된다. 분명히 당신은 아이가 밤에 오줌을 쌌다고 해서 혼내고 싶지는 않을 것이다. 그렇지만 상을 주는 것도 옳지 않다.

해결방법 : 패턴을 깨뜨려라

🐤 야뇨증의 배후에 있는 이유와는 상관없이 그러한 행동패턴을 깨뜨리는 것이 중요하다. 가장 효과적인 방법은 당신이 자러 가기 직전에 마지막으로 아이를 깨워서 유아용 용변기나 변기에 앉히고 오줌을 누이는 것이다. 만약 아이가 대체로 잠버릇이 좋다면 당신은 별 어려움 없이 이 일을 할 수 있으며 아이는 곧바로 다시 잠들 것이다.

🌱 저녁식사 후에 수분 섭취를 제한하는 것도 현명한 방법이다. 잠들기 직전에 우유나 주스를 큰 컵으로 마시는 아이일수록 당연히 밤에 오줌을 참는 것이 어렵다.

야뇨증의 패턴을 깨뜨리는 가장 효과적인 방법은 엄마가 자기 직전에 아이를 깨워 오줌을 누이는 것입니다.

문제상황 : 대변을 지린다

이건 까다로운 문제다. 변실금은 종종 아이가 아프거나, 무엇인가에 몰두해 있거나, 겁이 나거나 산만해지거나 또는 가정에 변화가 생기는 시기와 일치해서 나타난다. 아이를 의심하지 말고 훈련을 지속해야 한다. 당신이 서두르면서 아이를 꾸짖으면 당신은 배변훈련에 있어서 몇 개월이라는 시간 전으로 되돌아가야 할지도 모른다.

어떤 아이들에게는 직장의 조절이 방광의 조절보다 훨씬 어렵다. 또 어떤 아이들은 대변보는 것을 불안해하기도 한다. 아이는 배변행위 자체에 겁을 내기도 하고 대변을 쳐다보는 것을 무서워하기도 한다. 그런 이유 때문에 아이는 결국 불편한 실수를 하게 될 때까지 참는 것이다. 자상하게 대해 주는 것은 중요하지만 지나치게 달래 주는 것은 좋지 않다. "네가 참았기 때문이야"라는 말을 가벼운 어조로 해 주면 된다. 또는 "괜찮아"라고 태연하게 말한다. 아이에게 왜 실수를 하게 되었는지 설명해 준다. 이와 같은 사건이 한 번만 일어나도 아이가 상당히 당황하기 때문에 대체로는 좋은 방향으로 달라진다.

해결방법 : 초조해하는 느낌을 일절 주지 않는다

- 만약 변실금이 계속된다면 아이의 옷을 갈아입히는 데 보다 많은 시간을 할애하고 깨끗한 팬티와 바지, 물티슈를 일상적으로 챙기도록 한다.

- 아이를 변기로 서둘러 몰아가지 않도록 한다. 아이에게 당신이 초조해 한다는 느낌을 일절 주지 않도록 한다. 아이가 실수를 할 때마다 닦아 주되 그 이상의 관심은 주지 않는다. 아이가 변실금을 멈추면 즉시 칭찬을 많이 해 준다.
- 때로는 대변보기에 대한 불안감이 변비로 이어지기도 한다. 나는 변비에 걸린 아이는 따뜻한 물에 목욕을 시킨다. 그렇게 하면 근육이 이완되는 효과가 있다. 만약 변비가 지속적인 문제가 된다면 식사에 충분한 양의 과일과 야채가 포함되어 있는지, 아이가 수분을 충분히 섭취하는지 점검해 보도록 한다.

슈퍼내니의 10가지 으뜸 원칙

〈적기에 자연스럽게 대소변 가리기〉에 적용할 수 있는 10가지 원칙을 소개한다.

1. 칭찬이라는 상을 줘라   매 단계마다 칭찬과 격려를 아끼지 않도록 한다. 아이가 좋아하는 만화 캐릭터가 있는 팬티는 훌륭한 보상이 된다.

2. 일관성을 유지하라   일단 배변훈련을 시작했으면 어떤 이유로도 중단해서는 안 된다. 당신이 불편하더라도 지속해야 한다. 중간 단계로 팬티형 기저귀를 사용하지 않는다. 핵심을 헷갈리게 만들기 때문이다.

3. 일과표를 만들어서 지켜라   서두르지 말자. 외출하기 전에 아이에게 화장실에 갈 시간을 주고 기회가 있을 때마다 화장실에 가도록 상기시켜 준다.

4. 허용되는 경계를 설정하라   배변훈련에 대해서 현실적인 기대를 갖는다. 너무 일찍 시작하면 몇 달씩 걸릴 수도 있다. 아이가 준비되었다는 조짐을 파악할 수 있도록 잘 살펴본다. 유아용 용변기를 본래 있어야 할 곳인 화장실에 두는 것이 좋다. 너무 일찍 밤에 기저귀를 빼지 않도록 한다.

5. 단호하고 공정하게 통제하라   긍정적인 강화가 배변훈련의 핵심이다. 실수했다고 해서 아이를 꾸짖어서는 안 된다. 당신이 잠자리에 들기 전에 마지막으로 아이를 유아용 용변기나 변기에 앉혀서 밤에 실수할 가능성을 줄이도록 한다.

6. **예고와 경고를 잊지 말아라** 배변훈련 기간에는 아이에게 화장실에 가고 싶은지 거듭해서 물어 보아야 한다. 훈련이 끝난 후에도 하루 중 몇 차례 중요한 시간에는 아이에게 물어보도록 한다. 어린아이들은 일단 화장실에 가고 싶어지면 오래 참지 못한다.

7. **구체적으로 설명하라** 화장실에 가고 싶어질 때는 어떤 느낌이 드는지 가르쳐 준다. 화장실에서 무슨 일이 일어나는지 아이에게 보여 주고 이야기해 주는 것이 좋다. 당신이 화장실에 가서 볼일을 보고 손을 씻는 모습을 지켜보게 해 준다. 배변훈련을 위생훈련 기회로도 활용하자.

8. **절대 흥분하지 말아라** 실수를 하거나 때때로 밤에 오줌 싸는 것을 대수롭지 않게 다루는 것이 좋다. 아이가 원하면 프라이버시를 인정해 주도록 한다.

9. **성취감을 주는 활동에 참여시켜라** 아이가 그럴 만한 능력이 생기면 되도록 빠른 시일 내에 스스로 밑을 닦고 손을 씻도록 격려해 준다.

10. **긴장을 풀고 좋은 시간을 보내라** 배변훈련은 개방적이고 편안한 분위기에서 접근하는 것이 좋다. 용변보기는 삶의 자연스러운 일부분이기 때문이다.

03 건강하고 반듯하게 식사하기

아이에게 음식을 먹이는 일은 이론적으로는 간단해야 정상이다. 무엇이 올바르고 균형 잡힌 식사인가에 대한 조언은 우리 주위에 차고 넘치며 오늘날은 먹을거리를 사냥하거나 채집하거나 또는 농사지을 필요 없이 가게에 가서 사기만 하면 된다. 당신은 매 끼니마다 아이 앞에 영양가 있는 음식을 차려 주고 아이의 시장기가 해결되도록 하기만 하면 될 것 같다. 그러나 그렇게 간단하다면 무슨 문제가 있겠는가.

식사시간은 종종 여러 측면에서 전투가 벌어지는 상황이 된다. 우선 당신이 직접 조리한 영양가 많은 음식을 앞에 놓고 아이가 그 맛이 끔찍하다고 생각해 버리는 문제가 발생한다. 게다가 식탁에 제대로 앉아 있게 하는 것도 문제다. 아이들은 식탁에 앉는 것이 꼭 필요한 일이라고 생각하지 않는다. 그리고 마지막으로 초콜릿, 사탕, 탄산음료 등 아이들이 정말로 먹고 싶어 하는 음식들을 어떻게 제한할 것인가 하는 만만치 않은 문제가 남아 있다. 당신은 아이가 과자를 달라고 조르는 소리는 하루에도 수십 번씩 듣겠지만 브로콜리를 달라고 소리 지르는 것은 들어 본 적이 없을 것이다.

일상생활의 다른 여러 영역과 마찬가지로 식사도 어린아이들이 독립성을 얻고자 하는 욕구를 표현할 수 있는 활동 영역이다. 아이들은 얼마 지나지 않아서 '엄마는 나에게 강제로 음식을 먹일 수 없다'는 분명한 사실을 알아차리게 될 것이다. 일단 그 사실을 알아차리면 다음으로 아이는 식사가 부모가 가장 염려하는 것들 중 하나라는 사실을 재빨리 파악한다. 부모가 아이를 먹이는 일로 염려하는 것은 충분히 이해가 간다. 갓난아기가 배가 고파서 울음을 터뜨리는 순간부터 당신은 아이가 성장하고 발달하려면 규칙적으로 아이에게 먹을 것을 주어야 한다는 사실을 알게 될 것이다. 그냥 아는 것이 아니라 느낄 것이다.

아이가 태어난 후 처음 몇 주, 몇 달간은 음식을 먹이는 시간이 아이와 특별히 가깝게 접촉하는 시간이 되며 이때 부모와 자녀 간의 정서적인 애착이 깊어지고 강해진다. 그러다가 아이가 더 자라서 식사시간에 말썽을 피우고 당신이 준 음식을 거부하게 되면 참을성을 가지고 객관적으로 행동하기가 어렵다는 사실을 체험하게 될 것이다. 아이에게 음식을 먹이는 일은 시작할 때부터 정서적으로 얽혀 있는 문제인 것이다.

일과와 규칙과 경계를 정함으로써 당신은 문제상황에서 비롯되는 감정적인 열기를 어느 정도 식힐 수 있으며 식사를 즐길 만한 활동으로 되돌려 놓을 수 있다. 아이가 아주 어릴 때부터 다 클 때까지 음식을 먹는 올바른 방법을 보여 주는 것은 아이 앞에 균형 잡힌 식사를 놓아 주는 것 못지않게 당신이 맡아야 하는 중요한 역할이다. 어쨌든 자신도 의식하지 못하는 사이에 아이에게 과자를 건네주는 부모는 없다!

아이에게 양질의, 영양이 풍부한 식사를 주어야 한다. 그것이 일상이 되도록 해야 한다. 아이들은 태어날 때부터 설탕을 원하는 것이 아니다. 아이들에게 양질의, 영양이 풍부한 음식만 주면 맛의 차이를 모르고 먹는다. 그런 음식을 먹고 자란 아이에게는 다진 복숭아가 아이스크림 못지않게 맛있는 음식으로 여겨질 것이다.

다양한 맛의 세계에 오신 것을 환영합니다!

신생아의 식사 : 모유와 분유 그리고 물

아기가 처음 몇 달 동안 필요로 하는 것은 모유나 분유일 뿐이며 원한다면 끓여서 식힌 물은 더 주어도 된다. 4개월 이전까지는 어떤 종류의 이유식도 주면 안 된다. 아기가 배고파하면 모유나 분유를 더 주어야지 이유식을 주어서는 안 된다. 아기의 위가 이유식을 소화할 능력이 생기기 전에 이유식을 주면 문제가 생길 수 있다. 또한 알레르기 반응으로 이어질 수도 있다.

모유는 아기에게 꼭 필요한 것 즉, 꼭 필요한 양의 지방, 탄수화물, 단백질뿐 아니라 비타민, 무기질과 아기가 가장 감염되기 쉬운 시기에 면역체계를 강화시켜 주는 중요한 항체들을 공급하도록 자연이 만들어 낸 음식이다. 오늘날의 조제분유는 모유와 동일한 항체를 제공하지는 못하지만 가능한 한 모유에 가깝도록 특별히 고안된 것이다. 일반 우유는 송아지를 위한 것이다. 아기에게 처음 6개월 동안은 절대로 일반 우유를 주어서는 안 된다. 물을 타서 묽게 하더라도 일반 우유에는 지나치게 많은 양의 단백질이 들어 있다.

모유를 먹일 때 : 충분한 수면과 건강한 식사

처음 몇 주간만 모유를 주는 것도 아이를 위해서는 좋은 시작이다. 그렇지만 당신이 무슨 이유에서든 모유를 포기하고 분유를 주기로 결정했다면 그것 때문에 자책하거나 모유를 먹이는 다른 엄마들 때문에 불편한 마음을 가지지 않기를 바란다. 아이는 여전히 필요한 모든 영양을 섭취하고 있기 때문이다.

모유가 언제나 자연스럽게 나오는 것은 아니다. 많은 산모들이 수유에 관한 충분한 도움이나 지시를 받지 못한다. 어떤 산모들은 처음에는 순조롭다가 나중에 문제가 생기기도 한다. 그런 문제점들은 아기가 젖꼭지를 바르게 물지 않았거나 아기에게 필요한 모유의 양과 공급량이 어긋났을 때 일어난다.

충분한 수면을 취하고 건강한 식사를 하는 것은 절대적으로 필수다. 스트레스도 분비되는 젖의 양에 영향을 준다.

올바르게 젖꼭지를 물리려면

신생아는 한쪽 뺨을 부드럽게 건드리면 본능적으로 그쪽으로 고개를 돌린다. 가슴이 부드럽게 스치는 것과 같은 느낌 때문이다. 그쪽에 젖꼭지를 대주면 아기는 힘차게 빨기 시작한다. 아기가 적절하게 젖을 물었을 때는 젖꼭지뿐만 아니라 젖꼭지 주위의 유륜 전체가 아기의 입속에 들어가게 된다. 만약 아기가 젖꼭지만 빤다면 효율적으로 젖을 빨지 못할 것이며 당신의 젖꼭지는 갈라지고 쓰라리게 될 것이다. 그리고 유선에 젖이 남게 되면 유선염이라는 보다 심각한 문제가 발생한다.

수요가 커지면 공급도 늘어난다

처음 이틀간은 아기를 감염에서 보호하는 중요한 항체들이 함유된 초유가 나올 것이다. 그러다가 2~3일이 지나면 성숙유가 나오기 시작하는데 때로는 '산후우울증'이 함께 나타나기도 한다. 그 후 당신의 유방은 아기의 수요에 맞춰서 젖을 분비하게 될 것이다. 인간의 몸은 아기가 더 자주 빨아 먹을수록 더 많은 젖이 나오도록 프로그램되어 있다.

아기의 성장은 도표로 보면 부드러운 곡선처럼 보일 수도 있지만 사실은 작은 도약들이 이어지면서 성장한다. 당신은 아기가 한 보름쯤 규칙적으로 젖을 먹다가 어느 날 갑자기 온종일 먹고 싶어 하는 것을 발견하게 될 것이다. 이것이 바로 아기가 자신의 필요량이 증가하는 데 따라 젖 공급을 증가시키는 방법이다. 아기가 성공하고 나면 다시 규칙적인 패턴이 되돌아온다. 한편 아기가 완전히 다 먹고 난 다음에도 더 먹고 싶어 하는 것처럼 보인다면 아마 젖을 빨면서 자고 싶은 것일지도 모른다.

　당신이 적절한 식사를 하고 충분한 양의 수분을 섭취하고 휴식을 취해야만 아기가 필요한 만큼 젖을 만들어 낼 수 있다. 수유를 하고 난 후에 찾아오는 허기와 갈증은 엄청나다. 어떤 엄마들은 허기를 즉시 달래기 위해 코코아나 뜨거운 수프를 보온병에 넣어서 침대 옆에 두기도 한다.

　모유를 둘러싼 불안감 중 많은 부분은 아기가 얼마나 먹었는지 당신이 직접 확인할 수 없다는 데서 생겨난다. 불안해할 필요가 전혀 없다. 정기적으로 소아과를 방문해서 아기의 체중을 재 보면 걱정을 덜 수 있을 것이다.

분유를 먹일 때 : 배우자와 교대하기

모유 수유와 마찬가지로 분유 수유에도 기술이 필요하다. 이때 당신은 아기가 우유를 적당한 속도로 먹도록, 그리고 공기를 너무 많이 마셔서 불편해지지 않도록 조심해야 한다. 젖꼭지의 구멍은 일 초에 우유가 몇 방울씩 흘러나올 수 있을 만큼 적절한 크기여야 하며 젖꼭지의 크기도 아기가 올바르게 물 수 있을 정도여야 한다. 빠는 반사를 유도하기 위해서 아기의 한쪽 뺨을 부드럽게 쓰다듬어 주면 아기는 그쪽으로 고개를 돌리는데 그때 젖꼭지를 대 주면 된다. 젖병은 젖꼭지에 공기가 접촉해서 아기가 공기를 너무 많이 마시지 않도록 적당한 각도로 잡아 주어야 한다. 만약 아기가 공기를 너무 많이 마시면 트림을 할 때 마신 우유를 다 토할지도 모른다. 나는 언제나 반쯤 먹었을 때 트림을 한 번 시킨다.

겉으로 보기에는 젖병으로 수유를 하면 아기가 얼마만큼 먹는지 알기 쉬울 것 같지만 그래도 여전히 덜 먹일 가능성은 있다. 아기가 평소보다 배고플 때를 대비하여 권장량보다 매번 조금씩 여분을 만들어 두는 것이 좋다. 만약 아기가 병을 다 비운다면 더 먹고 싶어 하는 것인지도 모른다. 그렇지만 분유의 농도를 권장 비율보다 진하게 하는 것은 절대 안 된다. 그렇게 한다고 해서 아기가 더 많은 영양을 섭취하게 되는 것이 아니다. 오히려 아기의 소화능력에 비해 너무 진한 우유를 먹게 될 뿐이며 변비로 이어질 수도 있다. 때때로 아기에게 끓여서 식힌 물을 주는 것은 좋은 생각이다. 날씨가 덥거나 아기가 아플 때는 더더욱 그렇다.

분유 수유는 한 가지 커다란 장점을 가지고 있다. 바로 배우자와 수유를 교대로 할 수 있다는 점이다. 가능하면 꼭 배우자와 수유를 분담하도록 한다.

아가야, 아빠도 네게 젖을 줄 수 있구나!
— 분유 수유의 최대 장점

이유식 시작하기 : 한 번에 한 가지씩

생후 4개월에서 5개월 사이가 이유식을 시작하기에 적당한 시기다. 아기가 젖을 점점 더 많이 먹고 싶어 하거나 별다른 이유 없이 체중증가 속도가 감소하면 이유식을 시작할 때가 온 것이다. 하지만 하룻밤 사이에 우유에서 이유식으로 넘어갈 수 있을 것이라고 기대하면 안 된다. 처음에는 아기가 익숙해지도록 맛을 보게 할 뿐이다. 아기는 아직도 대부분의 영양을 우유에서 섭취하는 단계에 있다.

아기가 처음으로 이유식을 먹을 때 얼굴에 나타나는 표정은 말로 설명할 수가 없다. 맛뿐만 아니라 질감과 농도도 아기에게 놀라움을 더해 준다. 아기는 쉽게 받아들일 수도 있고 전혀 좋아하지 않을 수도 있다. 입에 넣어 준 음식을 뱉어 낸다고 해서 아기가 그것을 싫어한다는 뜻은 아니다. 다만 아직 그 음식을 어떻게 해야 할지 모를 뿐이다. 그렇지만 아기가 심하게 저항한다면 일주일 정도 기다렸다가 다른 음식을 먹여 보는 것도 한 방법이다.

음식의 종류는 점진적으로 소개해 주어야 한다. 한 번에 한 가지씩 주는 것이 최선의 방법이다. 그렇게 함으로써 당신은 아기가 어떤 음식을 특별히 싫어하는지, 어떤 음식에 알레르기 반응을 일으키는지 알아낼 수 있을 것이다. 우유나 끓여서 식힌 물에 유아용 쌀가루나 시리얼을 갠 것처럼 맛이 순한 반고형식으로 시작하는 것이 좋다. 당근, 감자, 사과, 배 등의 야채와 과일을 삶아서 거른 것이나 으깬 바나나 등도 처음에 먹이기에 좋은 음식이다.

새로운 맛을 소개할 때 무엇에 유의할까

하루 중 특별히 정해진 시간에 이유식을 주는 것이 좋다.
플라스틱 숟가락을 사용하고 아기에게도 숟가락을 하나 쥐어 주면 좋다. 아직 사용할 수는 없지만 좀 더 재미있는 경험을 하는 데 도움이 될 것이다.

처음에는 아기가 하루에 한 번, 두어 숟가락 이상 먹을 수 있을 것이라고 기대하지 않는 것이 좋다. 처음에는 입으로 들어가는 양보다 턱받이나 바닥에 흘리는 것이 더 많을 것이다. 아기가 이유식에 익숙해지는 데는 시간이 걸린다. 아기는 음식을 뱉어 내는 것이 아니라 혀를 내밀었다 넣었다 하면서 탐구하고 있는 것일 뿐이다. 그렇게 하면 음식이 보다 묽어지기도 한다.
위생에 특별히 신경을 써야 한다.

아이가 고개를 돌리면 충분히 먹었거나 싫다는 표시다. 억지로 먹이지 않도록 한다. 아이의 표정을 살피면서 준다.
음식이 너무 뜨겁지 않은지 온도를 항상 점검해야 한다. 요즘은 음식이 너무 뜨거우면 색깔이 변하는 숟가락도 나와 있다.

저미고 거르고 갈고 으깨고 짜서 목에 걸릴 만한 단단한 덩어리가 없도록 해야 한다.
알레르기 반응이 있는 것 같으면 지체하지 말고 즉시 병원으로 데려가도록 한다.

먹이면 안 되는 식품들

과일과 야채를 먼저 시작하고 단백질은 나중에 주어야 한다. 식품군에 따라 구별함으로써 알레르기 반응을 정확히 파악할 수 있다. 어떤 종류의 음식은 좀 더 뒤로 미루어야 한다. 견과류, 일반 우유, 계란 같은 음식을 너무 일찍 주면 알레르기가 생길 수도 있다. 알레르기의 증세로는 피부에 붉고 가려운 부위가 생기거나 갑자기 구토나 설사를 일으키는 현상 등이 있다.

다음과 같은 음식은 주의를 해야 한다.

소금 | 음식에 소금을 넣지 말고 짠 음식은 주지 않도록 한다. 소금은 어린 아이의 신장에 부담을 준다.

설탕 | 아기나 유아들은 단 음식을 주거나 설탕을 첨가할 필요가 없다. 과일과 야채에 들어 있는 자연 그대로의 당분이면 충분하다.

견과류 | 절대로 주면 안 된다. 알레르기를 유발할 수도 있고 목에 걸릴 위험도 있다.

일반 우유 | 생후 일 년이 될 때까지 일반 우유는 주지 말아야 한다. 생후 일 년이 지나도 저지방 우유는 절대로 주어서는 안 된다. 아이들은 일반 우유에 들어 있는 지방에서 칼로리를 얻어야 하기 때문이다.

계란 | 계란 노른자와 흰자를 모두 주는 것은 생후 일 년이 지날 때까지 기다려야 한다. 계란이 들어 있는 제품도 마찬가지다.

갑각류 | 갑각류는 생후 2년이 될 때까지 주지 않도록 한다.

감귤류 | 감귤류는 아이의 위에 부담을 줄 수 있다. 그리고 반드시 씨를 제거해야 한다.

각종 씨앗과 날음식 | 씨앗이나 단단한 조각처럼 목에 걸릴 수 있는 음식은 피해야 한다. 어떤 종류의 날음식도 주지 않도록 한다.

젖 떼기 : 정서적 고비를 넘어서

아기가 하루에 한 번, 열 숟가락 이상의 식사에 익숙해지고 나면 다른 시간에도 이유식을 줄 수 있다. 당신이 점심에 이유식을 주는 것으로 시작했다면 이제는 아침에도 주어도 된다.

식사시간뿐 아니라 하루 중 다른 때도 묽게 만든 아기용 주스나 끓여서 식힌 물 같은 음료수를 주도록 한다. 이때 젖병이나 플라스틱으로 된 아기용 컵을 사용한다. 아기가 필요한 영양소를 점점 더 이유식으로 섭취하고 갈증을 물이나 희석한 주스로 해소하게 되면서 모유나 분유에 대한 수요는 자연스럽게 줄어든다. 좀 더 시간이 지나면 아침과 밤에 한 번씩만 모유나 분유를 줄 정도에 이르게 된다.

어떤 아기들은 이유식에 잘 적응하고 나면 모유나 분유를 거들떠보지도 않는다. 당신이 분유를 먹이고 있었다면 문제가 없지만 모유를 먹이는 상황에서 아직 젖의 양이 줄어들지 않았다면 며칠 동안은 젖이 불어서 괴로울 것이다. 젖을 짜내는 것은 마치 아기가 빨듯이 젖의 분비를 자극할 뿐이기 때문에 해결방법이 되지 못한다. 잘 맞는 수유용 브라를 밤낮으로 착용하고 알로에 젤을 바르면 도움이 될 것이다.

모유를 먹던 아이들은 모유가 거의 나오지 않을 때도 종종 젖을 빨고 싶어 할 것이다. 이때 아기가 계속 원하는 것은 모유가 아니라 가슴이 주는 포근함이다. 아기는 젖꼭지를 자신을 달래는 용도로 사용하고 있는 것이다.

만약 모유 수유를 중단하고 싶고 아기가 이유식에 잘 적응하며 컵이나 젖병으로 충분한 수분을 섭취하고 있다면 하루에 두 차례 정도로 젖먹이기를 대폭 줄여도 좋다. 그런 후 아기가 그 두 차례의 젖 먹기 중에서 한 번을 건너뛰는 기회를 만든 다음 다시는 젖을 주지 않는 시도를 해 보라. 많은 엄마들에게 이것은 정말로 크나큰 정서적 고비가 된다. 그러나 여기에는 좋은 점도 있으니, 이제 아기와 당신은 새로운 단계로 넘어갈 준비가 된 것이다.

생후 6~8개월쯤 되면 아기는 분유가 줄 수 있는 것 이상의 영양소를 필요로 하게 된다. 하지만 계속해서 시간에 맞춰 분유를 먹이게 되면 아기는 배부른 상태이므로 당신이 시작하려는 이유식에 별로 흥미를 느끼지 않을 수도 있다.

어떤 부모들에게는 젖 떼기가 일종의 곡예처럼 느껴지기도 한다. 모든 아기와 부모에게 적용될 수 있는 확실하고 효과적인 규칙은 없다. 그렇지만 당신이 식사시간을 제대로 설정한다면 젖 떼기를 하지 못할 이유가 없다.

모유의 성 — 나, 다시는 돌아가지 못하리.

생후 6~8개월쯤 되면 아기는 분유가 주는 것 이상의 영양소를 필요로 하지만 계속 시간 맞춰 분유를 먹이면 이유식에 흥미를 못 느낍니다.

유아의 식사 : 음식 전쟁에 말려들지 않기

18개월에서 30개월 사이의 유아는 음식을 잘게 자르거나 으깨 주기만 한다면 다른 가족들이 먹는 모든 음식을 먹고 소화할 수 있다. 시간이 흘러가면서 아이는 숟가락과 유아용 컵을 사용해서 혼자 먹을 수 있게 된다.

아이가 어떤 때는 잘 먹고 어떤 때는 잘 안 먹는다는 사실을 발견하게 될지도 모른다. 또는 저녁 때보다는 점심에 더 잘 먹을지도 모른다. 만약 그렇다면 그에 맞게 조절해서 점심에는 음식을 더 많이 주고 저녁에는 가벼운 식사를 하게 한다. 아이에게 대담하게 새로운 것을 권해 보도록 한다. 아주 어린 나이부터 다양한 종류의 음식을 맛보는 것이 좋다.

이 단계에서는 때때로 음식을 거부할 수도 있다. 부모는 아이가 음식을 거부하면 불안감이 솟구친다. 아이에게 억지로 먹이려고 하다가 실패하면—반드시 실패하게 되어 있다—선택사항을 제시하기 시작한다. 음식을 계속해서 거부하면 아이가 어떻게든 음식을 섭취하게 하려고 아이가 거부할 가능성이 없어 보이는 과자나 다른 간식을 주기 시작한다.

유아기에 접어들고 시간이 충분히 흐르면 아이는 식사시간이 관심을 끌 수 있는 황금 같은 기회라는 사실을 감지한다. 아이는 숟가락이 다가오면 입을 꽉 다물고 고개를 돌려서 음식을 귀에 묻히게 될지도 모른다. 아이는 아무런 사전 예고도 없이 좋아하던 음식을 거부할 수도 있다. "그렇지만 넌 파스타와 치즈를 좋아했잖아!" 아이는 식사와 식사 사이에 과자나 케이크를 달라고 떼를 쓸지도 모른다. 그리고 그건 음식 전쟁이 본격적으로 시작되었음을 알리는 신호다.

당신이 조금 긴장을 풀면 식사를 둘러싼 많은 어려움을 피해 갈 수 있다. 아이가 에너지가 넘치고 특별히 살이 빠지지 않는다면 아이가 필요한 만큼 먹고 있을 가능성이 높다. 그렇다면 하루에 한 끼를 잘 먹고 나머지 식사 때는 깨작거린다고 해도 아이에게 큰 피해가 가지는 않는다. 만약 당신이 아이에게 기본적인 식품군을 모두 포함하는 균형 잡힌 식사를 계속해서 주고 영양가 없이 설탕이나 지방으로만 이루어진 간식으로 아이의 배를 채우지 않고 있다면, 아이가 남긴 음식이 냉장고나 쓰레기통으로 좀 가게 되더라도 음식이 통제의 문제로 번지는 사태는 피할 수 있을 것이다.

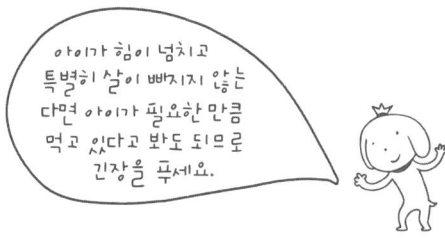

유아의 식사를 위한 도움말

아이가 어느 정도 조절능력을 가지고 숟가락과 컵을 다룰 수 있게 되면 아이가 혼자 먹게 해 주어야 한다. 식사가 좀 더 오래 걸리고 더 지저분해질 수는 있지만 이런 종류의 독립성은 당신이 격려해 주어야 한다. 가능하면 손가락으로 집어 먹기 편한 음식을 주는 것이 좋다. 숟가락을 적절히 다룰 수 있게 되기 전까지는 작은 샌드위치나 자른 생선, 가는 막대 모양으로 자른 익힌 당근 등을 손가락으로 집어 먹는 것이 훨씬 쉬울 것이다.

하루 세 끼는 어른에게 적합한 식사 패턴이다. 아이에게 정식 식사시간에 음식을 주는 일은 반드시 지속하되 오전과 오후에 간식을 주도록 한다. 과일, 요구르트, 치즈, 떡과 주스 등이 케이크, 과자, 칩 같은 것보다 훨씬 좋은 간식거리다.

양을 적게 주는 것이 좋다. 만 두 살짜리 아이는 어른이 먹는 것만큼의 식사량을 필요로 하지 않는다. 아이도 엄청난 양의 음식을 보면 질린다. 유아용 접시는 대체로 당신의 앞접시만 한 크기인데 그 접시를 보면 적당한 양을 알 수 있을 것이다.

이 단계에서는 칭찬과 격려가 매우 효과적이다. 아이가 충분히 먹었을 때는 억지로 더 먹이지 않도록 한다.

다양한 음식을 주도록 한다. 아이에게 생선찜이나 만두를 먹어 보게 하기 전까지는 아이가 그 음식을 좋아하게 될지 알 수 없다. 당신이 싫어하는 음식을 아이도 싫어하도록 유도해서는 안 된다. 당신이 특정 음식을 조리하거나 먹기 싫어할 수도 있지만 그렇다고 아이에게까지 주지 않는 것은 곤란하다.

단백질과 빵, 감자 같은 복합 탄수화물은 오랜 시간에 걸쳐서 지속적으로 에너지를 주기 때문에 설탕이 많이 든 음식처럼 갑작스러운 에너지의 분출과 고갈로 이어지지 않아서 어린아이들에게—어른에게도 마찬가지다!—좋은 음식이다.

아이에게 느닷없이 식사를 주지 않는다. 유아는 시간 개념이 거의 없음을 상기하자. 점심이나 저녁식사 시간이 다가올 때 아이에게 미리 알려서 활동이 변화하는 데 따른 마음의 준비를 할 기회를 주어야 한다.

이 단계에서 아이가 우유를 많이 마시고 있다면 이유식에 대한 흥미를 느끼지 못할 수도 있다. 우유 대신 주스나 물을 준다. 주스는 아주 묽게 해 주어야 배가 부르지 않다.

대체로 부모들은 아이가 음식을 한 그릇 더 먹으면 칭찬한다. 하지만 그렇게 하지 않는 것이 좋다. 아이가 두 그릇 먹는 것을 착한 행동이라고 생각하게 하지 말아야 한다.

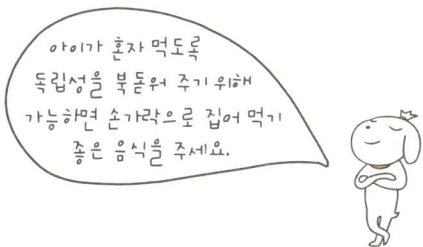

건강하고 반듯하게 식사하기

식탁 예절 : 규칙과 참여로 해결하기

어린아이는 식사할 때 많은 도움과 격려와 감독이 필요하다. 그렇지만 아이들은 식사와 연결된 사회적인 측면도 즐긴다. 아이가 유아용 식탁의자에 앉을 수 있을 만큼 크게 되면 식사시간에 식탁에 함께 앉혀야 한다. 좀 더 큰 아이는 키높이를 맞춘 의자에 앉혀 함께 식사하도록 한다.

미국에서 방영된 〈슈퍼내니〉 시리즈에서 한번은 식사시간이면 전쟁이 일어나는 베일리즈 가족을 방문했다. 여섯 살짜리 제이든은 불안해서 가만히 앉아 있지를 못했다. 두 살짜리 남동생인 빌리는 아직 유아용 식탁의자에 앉아 있었고 그 의자는 식당 한구석에 놓여 있었다. 동생은 식사시간에 부모의 관심을 받지 못하고 있었기 때문에 몹시 말썽을 부렸다. 우리가 제일 처음으로 한 일은 빌리를 키높이를 맞춘 의자에 앉혀서 나머지 가족과 식탁에 합석하게 한 것이다. 그러자 금방 달라지기 시작했다. '빅 보이'(의젓한 아이) 의자에 앉게 되자 빌리는 식사시간에 큰아이처럼 의젓하게 구는 것이 재미있겠다는 생각을 하게 되었는지 태도가 크게 개선되었다.

이제 나도 어엿한 조직의 일원이라니깐!
-'빅 보이' 의자의 효과

건강하고 반듯하게 식사하기

하루에 한 번은 가족이 함께 식사하자

여건이 허락하는 한 하루에 적어도 한 번은 가족이 함께 식사를 하도록 한다. 그러나 많은 가정들이 그렇듯이 그게 불가능하다면 주말에라도 한두 번 함께 식사를 하도록 시간을 정해 놓는다. 주중에 당신이 배우자와 함께 식사하기 전에 아이에게 밥을 먹여야 할지라도 아이와 함께 앉아서 과일 한 조각 함께 먹지 못할 이유가 없다. 식사시간은 사회적인 기회이고 아이에게 예절에 대해서 가르칠 수 있는 이상적인 시간이다.

또 일과를 지키도록 한다. 식사시간을 정해 놓는 것이 중요하다. 당신이 어느 날은 식사시간을 앞당기고 또 어느 날은 늦춘다면 아이의 혈당치가 갑자기 변하기 때문에 기분과 행동이 오락가락하는 것을 감수해야 한다. 아이가 좀 더 크면 다소 융통성이 허용되어 30분 정도의 변경은 큰 무리가 없다.

규칙이 무엇인지 아이에게 분명히 알려 줄 필요가 있다. 식사는 식탁에 앉아서 해야지 음식을 들고 다른 곳으로 돌아다녀서는 안 되며 특히 텔레비전 앞으로 가지고 가는 것은 금해야 한다. 당신이 아이에게 일어서도 된다고 말할 때까지는 식탁에 앉아 있게 한다. 아이가 음식을 다 먹거나 당신이 다 먹었다고 말해 주기 전에 아이가 식탁을 떠날 수 있는 유일한 이유는 화장실에 간다는 것뿐이어야 한다. 또 먹기 전에 손을 씻어야 하고 "잘 먹겠습니다", "감사합니다"라는 인사말을 하도록 가르친다.

그러나 현실적으로 대처하자. 좀 더 큰 아이들은 어린아이들보다 식사를 빨리 끝낸다. 큰아이에게 동생이 식사를 마칠 때까지 무한정 앉아 있어야 한다고 요구하지 말자. 또 어른들이 긴 대화를 나누는 동안 식탁에 남아 있어야 한다고 요구해서도 안 된다.

만 두 살에서 두 살 반까지의 아이들에게 있어서 식사와 관련된 대부분의 문제점들은 식탁이 전투의 장이 되지 않도록 하고 아이가 먹을 음식의 형태와 양에 대해서 현실적인 기대치를 가지고 임하는 등 처음부터 문제의 소지가 있는 것들을 피함으로써 적절히 다룰 수 있다. 그러나 좀 더 큰 아이들은 다른 방법으로 경계를 넓혀 보려 할 것이다. 그 시점에 이르면 규칙을 분명하게 세우고 단호하고 공정한 통제권을 발동해서 그 규칙을 뒷받침해 주어야 한다.

당신은 식사 준비에 아이를 참여시킴으로써 식사시간을 문젯거리로 만들지 않고 그 시간이 함께 나누는 사회적인 기회라는 메시지를 전달할 수 있다. 그렇게 하면 저녁을 곧 먹게 된다고 알린 후부터 식탁에 음식을 차려 놓을 때까지의 중요한 시간에 칭얼거림이나 분노의 폭발을 막는 데도 도움이 될 것이다.

아이에게 식탁 차리는 것을 도와 달라고 부탁해 보자. "숟가락 세 개만 찾아 줄래?" 그렇게 하면 아이를 칭찬할 기회가 생긴다. 또는 식탁에서 아이에게 냅킨 같은 간단한 물건을 건네달라고 부탁한다. 모범을 보이기 위해서 공손히 부탁하고 "고마워"라는 인사도 잊지 않도록 하자.

문제상황 : 입이 까다롭다

아이들이 음식에 관해서 좋고 싫음을 표현하는 것은 당연하다. 음식이 특이해서 싫어하는 것만은 아니다. 어떤 아이는 토마토를 싫어하고 어떤 아이는 콩을, 또 어떤 아이는 버섯을 싫어한다. 당신도 솔직히 말해서 싫어하는 음식이 몇 가지는 있을 것이다.

아이에게 억지로 먹이는 것은 바람직하지 않다. 당신이 아이에게 억지로 토마토 반 개를 먹였다고 해서 아이가 갑자기 토마토를 좋아하게 되지는 않는다. 어쩌면 더 싫어하게 될지도 모른다. 특정한 음식을 싫어한다고 해서 입이 까다로운 아이라고 단정할 수는 없다. 하지만 토마토, 콩, 치즈, 국수, 버섯, 계란, 고기 등 광범위한 종류의 음식을 싫어하는 아이라면 입이 까다로운 아이가 맞다.

어린아이들은 때때로 식욕이 없을 수도 있고 한 가지 음식을 계속해서 먹고 싶어 할 수도 있다. 당신이 그것에 너무 신경을 쓰지 않으면 아이들은 식욕이 돌아왔을 때 전에 거부하던 음식을 기쁘게 먹을 수도 있고, 변화할 준비가 되었을 때는 입맛의 범위를 넓혀 보려고도 할 것이다. 그러나 입이 까다로운 아이는 이와 다르다. 아이가 먹지 않으려는 음식의 종류가 날이 갈수록 많아져서 결국은 잼 바른 빵이나 국수만 먹으려고 할지도 모른다. 당신은 아마 식생활 이외의 영역에서도 이런 유형의 행동이 되풀이되는 것을 발견하게 될 것이다.

집안에 입이 까다로운 사람이 한 명만 있어도 고역인데 불행하게도 까다로운 식성은 전염성이 있다. 머지않아 당신은 세 명의 까다로운 아이들을 위해서 세 가지 음식을 장만해야 하는 형편에 몰린 자신을 발견하게 될지도 모른다. 아마 까다로움은 거기서 그치지 않을 것이다. 접시에 어떻게 음식을 담을 것인가, 어떤 접시에 음식을 담을 것인가 등으로 확대되지 않을까? 집에서도 벅차지만 이렇게 되면 외식을 하거나 친구네 집에서 식사를 한다는 것은 불가능하게 된다.

입이 까다로운 아이는 부모가 올가미에 걸려들도록 음식을 이용한다. 사정이 이 정도로 극단에 이르면 그것은 언제나 통제의 문제와 연결된다.

어떤 경우엔 아이가 싫어하는 것이 맛이 아니라 감촉일 수도 있습니다. 같은 재료를 다른 형태로 조리해서 주고 반응을 살펴보세요.

해결방법 : 예방이 치료보다 낫다

아이가 오랫동안 음식에 대해서 까다롭게 굴어 왔다면 상황을 바꾸는 것은 매우 어렵다. 학교에서 보면 어떤 아이가 입이 까다로운지 금방 가려낼 수 있다. 예사롭지 않은 음식이나 특별한 간식들로 가득 찬 도시락을 가져오는 아이들은 십중팔구 그렇다고 보아도 될 것이다. 음식이 통제의 문제로 발전하려는 조짐이 나타나는지 잘 지켜보다가 싹이 틀 때 잘라 버리는 것이 좋다.

- 아이가 갑자기 특정 음식을 싫어하게 되더라도 과잉반응을 하지 말아야 한다. 나머지 음식 중에서 원하는 것을 먹게 하고 아이가 건드리지 않은 음식에 관심을 주지 않은 채 접시를 치우는 것이 좋다. "나는 콩이 싫어!" 아이는 이렇게 선언할지도 모른다. 그 말에 관심을 보이지 말아야 한다. 거절한 음식을 며칠 있다가 다시 주면서—지난번에 안 먹겠다고 했을 때 관심을 보이지 않았기 때문에—혹시 아이가 마음을 바꾸지 않았는지 살펴본다. 어린아이들은 무엇이 좋고 싫은지에 대해서 논리적이거나 일관적으로 행동하지 않는다.

- 아이에게 약간의 여유를 허용하는 것이 좋다. 아이가 계속해서 특정 음식을 싫어하면 다른 가족들에게는 그냥 그 음식을 주면서 아이에게만 다른 것을 만들어 줄 수도 있다. 아이의 표정이 당신에게 많은 것을 알려 줄 것이다. 싫어하는 표정은 자기도 모르게 나타난다.

- 아이가 먹을 때는 칭찬과 격려를 해 주도록 하자. 만약 당신이 "세 숟가락만 더"라고 말했다면 끝까지 그렇게 밀고 나가야 한다. 한 숟가락이나 두 숟가락이 아니라 반드시 세 숟가락을 뜻해야 한다. 그러니까 말하기 전에 잘 생각하라.

- 어떤 때는 아이가 싫어하는 것이 맛이 아니라 감촉일 수도 있다. 같은 재료를 다른 형태로 조리해서 주고 반응이 달라지는지 살펴보라. 어떤 아이는 날당근은 좋아하는데 익힌 것은 싫

어한다. 어떤 아이는 구운 감자는 싫어하면서 삶아서 으깬 것은 좋아한다. 어떤 조리방법을 쓰든 상관없다. 어쨌든 아이는 당근과 감자를 먹고 있는 것 아닌가.

🐥 어린아이에게 선택의 여지를 주지 말아야 한다. 그렇게 하는 것은 화를 자초하는 길이다. 가능한 한 가족 모두에게 똑같은 음식을 주어야 한다. 메뉴에서 고르게 하는 일은 하지 않도록 한다. 단, 음식을 잘 먹는 다섯 살짜리 아이라면 두 가지 중에서 고를 수 있게 해 주어도 좋다.

🐥 아이가 자기 앞에 놓인 음식을 먹지 않으려고 할 때는 '그릇을 비울 때까지' 오후 내내 앉아 있게 하지 말라. 유아들은 고집에 있어서는 석사학위감이다. 아이에게 '세 숟가락만 더' 먹자고 요구하고 그대로 시킨다. 그런 후에 식탁에서 놓아 준다. 어떤 경우라도 아이의 그릇을 치운 후에 간식을 주지 말라. 아이는 당신이 준 것을 먹지 않았을 때는 아무것도 받지 못한다는 사실을 알아야 한다. 아이는 굶어 죽지 않는다. 나를 믿어도 좋다.

문제상황 : 식탁에 앉아 있지 않는다

이 문제는 좀 더 큰 아이들에게서 나타나며 순식간에 식사시간을 난장판으로 만들어 놓을 수 있다. 의자에서 오르락내리락하거나 음식을 아무 장소에서나 먹으려고 하거나 밥을 반쯤 먹다가 입 안에 음식을 잔뜩 문 채 식탁 밑으로 들어가 버리는 아이는 입이 까다로운 아이 못지않게 당신의 인내심을 시험한다.

식사시간이 즐거움을 나누는 친밀한 가족 모임이 되기 위해서는 합의한 규칙들이 있어야 한다. 그리고 이런 규칙들은 때에 따라 단호하고 공정한 통제를 통해서 뒷받침되어야 한다. 아이가 식탁에서 반드시 식사를 해야 하는 타당한 이유들이 있다. 우선 좋은 자세와 좋은 예절을 배우도록 해 준다. 만약 아이가 식탁에 앉지 않으면 아이는 예절에 대해서 배울 기회를 놓치는 것이다. 둘째, 식탁에 흘린 음식 찌꺼기를 치우는 것이 소파 등받이에서 으깬 감자 찌꺼기를 닦아 내는 것보다 훨씬 쉽다. 셋째, 움직이면서 먹는 아이는 소화가 잘 되지 않으며 아이가 입에 음식을 물고 뛰어다니기라도 하면 목에 걸릴 위험까지 있다. 마지막으로, 어린아이일지라도 당신이 세운 규칙을 따라야 하고, 자신은 가족의 일원이지 가족의 법이 아니라는 사실을 이해할 수 있으며 그래야 한다. 아이가 당신의 설명을 반드시 이해해야 할 필요는 없지만 아이는 규칙이 있다는 사실을 알고 나면 훨씬 더 편안해질 것이다. 물론 식사시간도 편안하고 즐거워질 것이다.

해결방법 : 일시적 갈등을 견뎌라

많은 부모들이 아이들에게 음식을 먹이는 데 집착하느라고 받아들이기 어려운 행동을 눈감아 주는 경향이 있어서 식사시간에는 적절한 지도를 하지 못한다. 기본적인 규칙은 지켜져야 한다고 고집하다 보면 식사시간이 개선되기 전에 우선은 더 나빠지는 기간을 보내게 될지도 모른다. 그래도 장래에 평화로운 가족 식사를 할 수 있다는 희망을 완전히 포기하는 것보다는 일시적 갈등을 견디는 것이 훨씬 바람직하다.

아이에게 식탁에 앉아서 음식을 먹어야 한다고 말하는 것만으로도 메시지는 분명히 전달된다. 공격적이거나 반항적인 행동을 보이면 98쪽에 소개된 심술자리 테크닉을 적용해 보라. 아주 빠른 시일 내에 행동이 개선될 것이다.

아이가 식탁에 얼마 동안 앉아 있을 수 있을 것인가에 대해서는 현실적으로 기대하는 것이 좋다. 만 다섯 살 이하의 아이들이 식탁에 앉아 있을 수 있는 최대치는 아마 15분 정도일 것이다. 아이가 식사를 마쳤으며 내려가고 싶다고 하면 허락해 주어야 한다. 동시에 천천히 먹는 아이를 재촉하거나 인내심을 잃어서도 안 된다. 아이에게 압박감을 주다 보면 식사가 불안감의 원인이 될 수도 있다.

문제상황 : 간식을 너무 많이 먹는다

간식문제는 전적으로 부모가 원인을 제공하는 경우다. 아이의 손이 닿는 곳에 비스킷, 사탕, 케이크, 초콜릿 같은 간식을 둔다면 아이가 그것을 먹었다고 해서 어떻게 아이 탓을 하겠는가? 아이가 간식을 달라고 조를 때마다 준다면 저녁식사 때 입맛이 없는 것은 아이의 잘못이 아니다.

하루 종일 영양가가 낮은 간식을 먹는 것이 허용되는 아이들은 식사시간이 편하지 않을 것이다. 아이는 배고프지 않을 것이며 될 수 있는 대로 빨리 또 다른 간식을 먹고 싶어 한다. 음료수, 비스킷, 사탕 등 당분이 많은 음식은 아이의 혈당치만 엉망으로 만들 뿐이다. 아이가 단 음식을 먹거나 마시고 난 직후에는 혈당이 치솟게 되며 분출하는 에너지는 소리를 지르면서 뛰어다니는 행동으로 나타난다. 하지만 혈당은 금방 내려가고—간식을 먹기 전보다 더 낮아진다—그러면 칭얼대거나 나쁜 행동을 하거나 분노가 폭발할 수밖에 없다. 아주 짜고 포화지방산이 많은 칩 같은 간식은 그렇게까지 극적인 변화를 일으키지는 않지만 어른들에게 그런 간식이 해롭듯이 아이들에게도 좋을 것은 없다.

해결방법 : 간식에 대한 접근 자체를 제한한다

- 정말 간식이 문제가 된다면 애초에 간식을 사지 않는다. 슈퍼마켓에서 사 오지 않는 것이다. 그렇게 하면 말다툼할 일이 없다.
- 아이의 손이 닿는 곳에 간식을 두지 않는다.
- 아이가 식사시간 사이나 특별히 에너지 소모가 많은 놀이가 끝난 후에 배고파하면 편리하다고 단것을 주지 말고 건강에 좋은 간식을 주도록 한다.
- 협상의 조건으로 간식을 이용하지 않는다. 아이가 음식을 먹도록 유도하거나 좋은 행동을 칭찬해 주는 수단으로 간식을 이용해서는 안 된다. 가끔 단 음식이나 과자 한 봉지를 불시에 꺼내는 것은 괜찮지만 언제나 당신이 주도해야 한다.
- 식사시간이 다가왔을 때는 간식을 주지 않는다. 대신 곧 식사를 하게 된다는 예고를 충분히 해 주도록 한다.

> 협상의 조건으로 간식을 이용하지 마세요. 가끔 과자 한 봉지를 불시에 꺼내는 것은 괜찮지만 언제나 엄마가 주도해야 합니다.

문제상황 : 식사예절이 엉망이다

아이가 적어도 만 네 살이 될 때까지는 숟가락이나 포크를 능숙하게 다루지 못할 것이다. 아이가 도구를 사용해서 먹는 양만큼의 음식을 그냥 손으로 집어 먹는다고 해도 아직은 문제될 것이 없다. 그러나 당신은 기본적인 식사예절을 가르칠 수 있다. 예를 들면, 입에 음식을 가득 물고 식탁을 떠나지 말라는 정도다. 아이가 만 다섯 살이 지나면 본격적으로 식사예절을 가르칠 수 있다.

아주 어린 아이들도 "잘 먹겠습니다", "감사합니다" 정도의 인사말은 할 수 있어야 한다. 그것은 기본적인 예절이다. 식탁에서 음식을 던지는 행동은 받아들여질 수 없다는 사실도 분명하게 가르쳐야 한다. 처음으로 아이가 여동생에게 소시지를 던졌을 때 누군가는 재미있다고 생각할 수도 있겠지만 얼굴에 그런 표정이 나타나지 않도록 노력해야 한다. 어른이 웃으면 아이는 그런 행동이 괜찮다고 판단한다. 그렇게 되면 같은 행동을 되풀이하도록 격려하는 꼴이 되고 만다.

해결방법 : 규칙을 고수한다

- 아이에게 식탁에서는 어떻게 행동해야 한다고 분명하게 알려 주어야 한다. 음식 던지기, 말 싸움하기, 비명 지르기, 때리기 그 밖의 여러 가지 나쁜 행동들은 어떤 연령대의 아이들에게도 허용될 수 없다. 만약 잘못의 정도가 심하고 공격적이며 자주 반복된다면 심술자리 테크닉을 활용하는 것이 좋다.(98쪽 참조)
- 아이에게 "잘 먹겠습니다"와 "감사합니다"라는 인사말을 가르치고 엄마가 먼저 행동으로 보여 주도록 한다.
- 아이가 숟가락 등의 식사도구를 제대로 다룰 수 있기 전까지는 세련된 식사예절을 기대하지 않는 것이 좋다.

처음으로 아이가 동생에게 소시지를 던졌을 때 누군가는 재미있다고 생각할 수도 있겠지만 어른이 웃으면 아이는 그런 행동이 괜찮다고 판단한답니다.

슈퍼내니의 10가지 으뜸 원칙

〈건강하고 반듯하게 식사하기〉에 적용할 수 있는 10가지 원칙을 소개한다.

1. **칭찬이라는 상을 줘라** 칭찬과 격려가 최고의 상이다. 특별히 좋은 행동을 할 때까지 기다리지 않는다. 언제라도 바람직한 행동을 하면 칭찬한다. 하지만 상으로 간식을 사용하지는 않도록 한다. 또 아이가 두 그릇을 먹었다고 칭찬하지 않는다.

2. **일관성을 유지하라** 동일한 규칙을 유지하고 지키게 한다. 당신과 배우자가 일관성을 보여야 한다. 당신이 "세 숟가락만 더"라고 했다면 시간에 쫓기더라도 마음을 바꿔서 두 숟가락, 한 숟가락으로 줄이지 않아야 한다. 아이가 식사를 하지 않았을 때는 간식을 주지 않는다. 그럴 때 간식을 주면 아이에게 무척 혼란스러운 메시지를 전달할 뿐이다!

3. **일과표를 만들어서 지켜라** 식사시간을 심하게 변경하는 것은 좋지 않다. 식사시간은 하루 일과의 토대가 된다. 아이가 조금 자라면 약간의 융통성을 발휘할 수 있다. 30분 정도 당기거나 늦추는 것은 큰 무리가 없다.

4. **허용되는 경계를 설정하라** 정해진 식사시간이 중요한 경계 역할을 한다. 식탁에 앉아 있기와 같은 기본적인 행동들에 관해 합의한 규칙들도 그런 경계가 되어 준다. 경계를 설정하면 당신은 식사시간에 발생하는 감정적인 열기를 식힐 수 있게 된다.

5. **단호하고 공정하게 통제하라** 아이가 먹지 않는다고 해서 혼내지 않도록 한다. 그러나 식사시간에 다른 사람을 때리거나 식탁에 앉아 있지 않으려고 하거나 음식을 던지는 것과 같은 받아들이기 어려운 행동에 대해서는 혼을 내야 한다. 심술자리 테크닉을 활용하는 것이 좋다.

6. **예고와 경고를 잊지 말아라**   식사시간이 다가올 때는 충분히 예고해서 아이가 활동의 변화에 대해 준비할 수 있도록 해야 한다. 아이가 식사시간 직전까지 바깥에서 뛰어다니고 있었다면 즉시 식탁에 앉는 것을 기대할 수 없다. 우선 진정할 시간을 주어야 한다. 아이가 말을 안 들으면 행동을 수정할 기회를 갖도록 미리 경고를 해 준다.

7. **구체적으로 설명하라**   아이가 식탁에서 나쁜 행동을 할 때는 왜 그 행동이 바람직하지 않은지 설명해 주어야 한다. 그러나 복잡하게 설명하는 것은 좋지 않다. 논리는 아이의 귀에 들어오지 않는다.

8. **절대 흥분하지 말아라**   음식에 대해 스쳐 지나가는 변덕은 무시하는 것이 좋다. 입이 까다로운 것은 관심을 끌려는 행동이므로 무시한다. 아이에게 다양한 음식을 제공하되 아이가 메뉴를 결정하게 하지는 않는다. 동시에 당신이 싫어하는 음식을 아이도 싫어하도록 유도해서는 안 된다.

9. **성취감을 주는 활동에 참여시켜라**   비록 시간이 오래 걸리고 지저분해지더라도 아이가 혼자 먹을 수 있도록 격려해 주어야 한다. 아이에게 "잘 먹겠습니다"와 "감사합니다"라는 인사말을 가르친다. 좀 더 큰 아이는 식탁을 차리거나 기타 간단한 일을 할 때 참여시키는 것이 좋다.

10. **긴장을 풀고 좋은 시간을 보내라**   식사시간은 가족이 즐겁게 어울리는 시간이 되어야 한다. 가능한 한 자주 온 가족이 함께 식사하도록 한다.

04 즐겁게 놀면서 사회성 키우기

 어린아이가 배워야 할 가장 중요한 것들 중 하나는 다른 사람들과 잘 어울릴 수 있는 방법이다. 유아는 타인을 자신이 원하는 것을 가로막는 짜증 나는 방해물이라고 보려는 경향이 있다. 어린아이가 다른 사람들도 감정을 가지고 있다는 사실을 이해하여, 나누고 교대하고 친절하게 대하는 것이 좋다는 사실을 아는 데는 시간이 걸린다. 당신은 그 과정을 억지로 단축시킬 수는 없다. 그렇지만 아이에게 어디까지가 한계인지 분명하게 보여 주고 올바른 방향으로 안내할 수는 있다.

 각 단계에서 당신이 할 수 있는 일은 아이를 참여시켜 함께 즐기는 것이다. 집 안을 완벽하게 가꾸겠다는 생각은 접어 두고 아이와 놀아 주는 시간을 만들도록 한다. 아이와 충분히 놀아 주지 않는 부모들이 많은데, 놀이야말로 아이들이 다른 사람들과 어울리는 방법을 비롯해서 많은 것들을 배울 수 있는 지름길이다. 나는 부모들이 부끄러움을 잊고 편안한 마음으로 아이와 우스꽝스럽게 놀아 볼 것을 권한다. 아이의 세계로 들어가서 아이들이 놀이를 이끌어 가게 해 보자.

엄마 아빠, 나에게 배움의 기회를 주고 싶다면
체면일랑 잠시 벽장에 걸어 두세요.
- '놀이는 나의 학교'

즐겁게 놀면서 사회성 키우기

놀이의 세계는 학습의 장

놀이는 즐기는 방편인 동시에 학습이 이루어지는 과정이기도 하다. 딸랑이를 입에 집어 넣어서 새로운 세계를 탐색해 보려는 6개월 된 아기부터 모양을 맞추는 장난감의 네모난 구멍에 둥근 말뚝을 집어 넣으려는 두 살짜리 아이, 상상의 세계에 빠져 있는 네 살짜리 아이에 이르기까지 놀이는 즐거움을 줄 뿐 아니라 세상을 알아가고 다른 사람들과 관계 맺기를 배우게 해 준다.

놀 기회를 충분히 갖지 못한 아이들은 지루함에 빠지게 된다. 아이가 지루해지면 짜증을 내고 좌절감을 느끼며 말썽을 피우기 시작한다. 그리고 놀이를 통해서 배울 수 있는 것들을 배우지 못하게 되는데 이럴 경우 놓치게 되는 것은 '교육적인' 장난감들이 개발시켜 준다는 정신능력을 습득하지 못한다는 것 정도가 아니다. 아이가 운동장에서 축구공을 찰 때도 그냥 힘만 발산하는 것이 아니다. 공을 찰 때 당신의 어린 베컴은 신체적인 조화와 다른 운동능력들도 동시에 배우고 있다. 집중해야 하는 퍼즐이나 게임은 아이의 주의집중 시간을 늘려 주는 데 도움이 된다. 이런 경험을 많이 한 아이는 유아원이나 학교에 들어갔을 때 조용히 앉아서 듣지 못하고 돌아다니는 부류에 속하지 않게 된다. 역할놀이, 가상놀이와 옷 입히기 놀이는 상상력을 풍부하게 해 준다. 그림 그리기는 창의성을 발산시켜 주는 배출구가 되며 아이가 물건을 집어 올리는 운동능력을 습득하는 데 도움을 준다.

아기에게도 자극은 필요하다

놀이는 아주 어릴 때부터 시작된다. 영아들도 자극이 필요하다. 아기가 배고플 때 먹여 주거나 기저귀가 젖었을 때 갈아 주는 것처럼 자극이 필요할 때 그 욕구를 충족시켜 주는 것도 똑같이 중요하다. 아기는 신체조절능력과 기동력이 없기 때문에 당신이 도와주지 않으면 세상을 탐험할 수가 없다. 예를 들어, 당신이 아기가 볼 수 있도록 장난감을 눈높이에 맞춰 보여 주면 아기는 그 색깔과 형태에서 어떤 자극을 받을 것이다. 그리고 당신이 장난감을 아기의 손이 닿는 곳에 놓아 주면 아기는 그것을 치고 움직이게 할 것이다. 처음에는 우연히 건드릴 것이다. 그러나 그 우연한 행동은 곧 반복되면서 게임으로 발전하게 된다. 그리고 그 게임은 아기에게 손으로 어떻게 물건을 움직이는지 가르쳐 주는데 그것에서부터 조절능력이 시작되는 것이다.

아기가 걸을 수 있게 되면서부터 놀이는 짜릿한 탐험게임으로 변하게 된다. 아기에게는 그것이 무엇이든 붙잡으라고 존재한다. 아기의 주위에서 다양한 자극을 경험할 수 있는 안전한 방법들을 제시하면 배우고 싶어 하는 아기의 욕구는 더욱더 자라나게 될 것이다. 이제 즉석 장난감들을 활용할 수 있는 좋은 기회가 왔다. 나무 수저, 냄비, 플라스틱 컵 등 부엌 찬장에서

꺼낼 수 있는 안전한 물건들이 값비싼 장난감 못지않게 아기를 즐겁게 해 주고 무엇인가를 가르쳐 줄 것이다.

조금만 도와주면 좌절하지 않는다

아기에서 유아로 넘어가면 놀이는 기쁨과 발견의 기회로 이어지기도 하지만 또 그만큼 좌절을 겪는 계기가 되기도 한다. 아이는 엄마나 오빠가 하는 것처럼 상자에 모양 조각을 집어 넣고 싶은데 혼자서는 할 수 없다는 사실을 깨닫게 된다. 그렇다고 아이에게 좌절을 안겨 줄 만한 물건들을 없애는 것이 능사는 아니다. 그것은 아이가 배울 기회 자체를 없애는 것이기 때문이다. 그보다는 아이가 더 잘 다룰 수 있는 다른 장난감으로 주의를 돌리게 해 주는 것이 좋다. 또는 내가 즐겨 쓰는 방법처럼 당신도 아이를 격려하면서 당신의 손을 아이의 손 위에 얹고 모양 조각을 상자에 넣도록 도와줄 수 있다. 그렇게 하면 아이는 자기 힘으로 그 일을 했다고 느끼면서 배울 수 있게 된다.

이 단계에서는 아이가 오랫동안 한 가지 놀이에 몰두할 것이라고 기대하지 말아야 한다. 다른 아이들과 함께 놀 수 있을 것이라고 기대해서도 안 된다. 다른 아이 옆에서 놀면서도 그 아이가 곁에 있다는 사실조차 깨닫지 못할 수 있다. 아이는 친구가 탐날 만큼 아주 재미있어 보이는 장난감을 가지고 논다는 사실을 주의 깊게 바라볼 때나 옆에서 노는 친구의 존재를 알아차릴 뿐이다. 다음 순간에 아이는 그 친구에게서 장난감을 낚아챌 것이다.

가사 일은 아이들에게 훌륭한 놀이다

아이가 다른 아이들과 나누고 협동하면서 제대로 놀 수 있게 되는 단계에 도달하기 전에는 놀이를 도와줄 어른이 필요하다. 그리고 그때 문제가 발생할 수 있다. 당신도 할 일이 있기 때문에 아이가 놀이에 즐겁게 몰두하고 있으면 당신은 그때가 자신의 일을 할 수 있는 좋은 기회라고 생각할 것이다. 그렇지만 아이는 당신의 생각과는 달리 놀이시간은 당신과 재미있게 놀 수 있는 좋은 기회라고 생각한다. 그래서 당신이 다른 일을 바삐 시작하는 순간 아이는 당신의 관심을 받고 싶다는 사실을, 필요하다면 못된 짓을 해서라도 분명하게 전달한다. 당신은 가사 일을 할 시간과 놀이시간을 분리해 놓을 필요가 있다.

어린아이는 여러 가지 활동들을 어른처럼 '놀이'와 '일'로 구별해서 생각하지 않는다. 세차를 돕는 일을 비롯해서 모든 활동에는 재미가 깔려 있다. 그러므로 이러한 중간 단계에서는 아이를 당신이 하는 일에 참여시키는 것이 이상적인 해결방법이다. 나는 경계 설정에 관한 장에서 이미 참여 테크닉을 설명했는데(92쪽) 이것은 당신이 다른 일을 하면서도 아이에게 주의를 기울일 수 있는 아주 유용한 방법이다. 아이가 당신 옆에 놓인 의자 위에 올라서서 '당근을 씻는 일'을 도와주고 있을 때 당신은 근로 감독관이 되는 것도 아니고 아이가 허드렛일이라고 생각할 만한 일을 억지로 시키는 것도 아니다. 아이는 기가 막히게 재미있는 시간을 보내고 있는 중이다.

아이들은 다른 아이와 함께 나누거나 교대해서 놀 때 분명한 지시가 필요하다. 두어 명이 함께 할 수 있는 간단한 게임은 아이들에게 주고받는 기술을 배울 수 있도록 도와준다. 그렇지만 아이들끼리 하도록 방치해 두는 것은 좋지 않다. 아이들과 함께 앉아 있자. 그리고 아이들에게 게임을 어떻게 하는지 보여 준다. 규칙도 설명해 주어야 할 것이다. 당신이 방법을 가르쳐 주지 않으면 아이들은 올바르게 할 줄 모른다. "이제 아서 차례야."

아이들이 사이좋게 놀고 있을 때는 자기들끼리 놀게 두어도 좋다. 아이들 위로 몸을 구부리고 내내 들여다보지는 말자. 아이들은 당신이 계속 심판 노릇을 하려고 들지 않는다면 저희끼리 알아서 관계를 발전시키고 말싸움과 시비를 해결하게 될 것이다.

장난감도 잘 줘야 약이 된다

장난감은 아주 빨리 불어난다. 아이의 장난감을 바구니나 상자 하나에 다 집어 넣을 수 있었던 게 엊그제 일만 같다. 그런데 생일과 크리스마스가 몇 번 지나가고 나니 레고 블록들에 집이 파묻힐 지경이 되어 버렸다.

아이들은 장난감을 몹시 좋아하며 부모들은 아이들에게 장난감을 주는 것을 몹시 좋아한다. 그렇지만 다른 모든 것들과 마찬가지로 장난감도 아이들이 협상을 벌이거나 싸우거나 애걸하거나 치우기를 거부하는 대상으로 전락할 수 있다. 장난감은 말썽거리가 될 소지를 다분히 안고 있는 물건이다. 아이들의 연령대를 막론하고 많은 부모들이 아이와 좀 더 많은 시간을 보내지 못하는 데 따른 죄책감 때문에 장난감을 준다. 또 어떤 부모들은 뇌물이나 또는 제대로 된 행동을 한 데 대한 상으로 새로운 장난감을 수시로 사 준다. 이러한 행동들은 놀이를 통해서 얻는 효과와는 아무 관계가 없다. 만약 당신이 장난감을 이런 식으로 사용한다면 아이가 당신을 조종할 수 있는 상황을 자초하고 있는 것이다.

장난감은 한 번에 조금씩

어린아이는 가지고 놀 장난감이 필요하지만 비싼 장난감이 필요한 것은 아니다. 가게에 있는 모든 장난감을 가질 필요는 더더욱 없다. 그건 '자신이 가진 것에 대해 감사할 줄 아는 법'을 배우기 위해서만은 아니다. 좀 큰 아이들은 자신의 물건을 소중히 하는 법을 배울 필요가 있지만 만 두 살짜리에게 그건 너무 성숙한 개념이다. 어린아이가 손이 닿는 곳에 놓인 수많은 장난감에 둘러싸이게 되면 아이들에게는 말 그대로 수백 가지의 선택이 구체적인 형태를 지닌 채 제시되는 것이 된다. 아이가 장난감을 많이 가지고 있을 수는 있지만 동시에 그 많은 장난감을 다 꺼내 놓을 필요는 없다. 많은 장난감 가운데서 하나를 선택할 능력이 없는 어린아이들은 장난감을 교대로 꺼내 주면 놀이에 보다 잘 집중하게 된다. 그러면 아이들은 많은 장난감에 압도당하는 느낌을 갖지 않는다. 나중에 당신이 치워 두었던 장난감을 꺼내 주면 아이들은 마치 새로운 장난감을 대하듯 흥분할 것이다. 이러한 전략이 갖는 또 하나의 이점은 정리하기도 훨씬 쉽다는 것이다.

장난감 정리하기

당신이 불과 2분 전에 정리한 집이 폭탄 맞은 것처럼 어질러졌을 때 그냥 그대로 두고 싶다는 마음이 들 수 있다. 물건을 치우거나 아이가 정리하도록 하느라고 끝없는 싸움을 하게 되는 부모들은 당분간 그냥 혼돈 속에서 사는 것이 낫겠다고 마음먹을 수도 있다. 문제는 그러한 혼돈이 몇 년씩 지속될 수도 있다는 사실이다. 꼭 그렇게 살아야 할 필요는 없으며 또 그래서도 안 된다.

어떤 부모들은 정리하는 데 시간을 소모하고 싶지 않기 때문에 어질러진 채로 내버려 두기도 한다. 하지만 그들이 잊고 있는 사실은 어질러 놓은 대로 두는 것 자체가 시간을 더 소모하는 행위이며 때로는 많은 비용이 들기까지 한다는 점이다. 잃어버린 퍼즐 조각을 찾기 위해서 몇 시간을 허비하거나 새로운 퍼즐을 사기 위해서 지갑을 여는 상황을 생각해 보라. 어수선

이건 밥 세 숟가락 더 먹었다고…
이건 응가 잘 누었다고… 이건 동생 때리지 말라고…
이건 엄마가 늦게 퇴근했다고…
와, 네가 받은 뇌물이 이렇게 많았어?
-장난감 천국의 사연

즐겁게 놀면서 사회성 키우기

한 환경은 아이들에게 자기 물건을 소중하게 여길 필요가 없다는 메시지를 준다. 또 아이에게 당신의 물건도 소중하게 여길 필요가 없다고 암시해 준다.

바닥에 온통 장난감이 널려 있으면 당신의 아이는 집 안의 어떤 장소, 또는 어떤 물건도 당신에게만 속한 것이라고 인정하기가 어려워진다. 나는 또한 혼돈은 버릇 들이기도 어렵게 만든다고 생각한다. 나는 당신이 모든 것을 완벽하게 유지하고 쿠션을 매만지면서 돌아다녀야 한다고 말하는 것이 아니다. 그렇지만 기본적인 질서는 필수적이며 아이들은 혼돈에 둘러싸여 있을 때는 아무것도 배울 수 없다.

당신은 아이가 놀고 난 후에 스스로 정리할 것이라고 기대해서는 안 된다. 그러나 당신이 정리를 할 때 아이를 참여시킬 수는 있으며 이는 참여 테크닉의 훌륭한 응용이다. 충분한 칭찬을 해 주면 기적 같은 일이 벌어진다. 장난감을 상자에 정확히 분류해서 넣어야 하는 것은 아니다. 모든 장난감을 다 집어 넣어야 하는 것도 아니다. 그냥 정리를 재미있는 놀이로 만들어 주고 아이가 참여할 수 있게 해 주는 것만으로도 나중을 위한 훌륭한 기초를 다질 수 있다. 여러 종류의 장난감들을 각각 다른 색의 상자에 분류하게 해 보면 어떨까. 아이는 그게 더 쉽다고 여길 것이다. 정리를 게임처럼 해 보기도 하자. "누가 제일 먼저 정리할 수 있는지 시합할까?"

좀 더 큰 아이들은 당신이 정리에 관한 규칙을 가지고 있으며 장난감이 어질러져 있으면 안 되는 장소가 집 안에 있다는 사실을 알아야 할 필요가 있다. 몇 가지 도움말을 소개하겠다.

장난감 정리할 때의 도움말

정리를 놀이로 만들자. 아이를 참여시키고 도움이 되었을 때는 칭찬해 준다.

비현실적으로 높은 기준을 세우지 않는다.

모든 장난감을 한꺼번에 꺼내 놓지 않음으로써 불필요한 수고를 던다. 장난감을 교대로 꺼내 놓는다.

미술용품, 펜, 매직, 물감은 손이 닿지 않는 곳에 보관하는 것이 좋다. 주위를 어지럽히기 쉽고 창의성을 요하는 놀이는 치우기 쉬운 장소에서 어른의 감독하에 하게 해 준다.

정리에 관한 규칙들을 설명해 주되 완벽함을 기대하지는 않는다.

놀이방에서는 하루 종일 장난감을 어질러 놓은 채로 두거나 이틀에 한 번씩 치워도 좋다. 어지른 것이 보이지 않도록 언제든지 문을 닫으면 된다. 그렇지만 어질러진 상태를 몇 달씩 방치하지는 말자.

텔레비전은 얼마나 허용할까

대부분의 경우에는 너무 많이 허용하고 있다는 대답이 맞을 것이다. 어떤 가정에서는 하루 종일 텔레비전을 틀어 놓는다. 계속해서 텔레비전을 보는 아이는 운동을 하지 않으며 상상력을 발휘하지 않고 다른 아이들과 상호작용도 나누지 않는다. 대신 그 아이들은 불안상태를 초래하고 주의집중 시간을 단축시키며 아이들이 품지 않았으면 싶은 온갖 생각을 떠오르게 하는 무분별한 자극만을 받게 된다. 나는 폭력이나 나쁜 언어에 노출되는 것만을 이야기하는 것이 아니라 당신이 주고 싶지 않은 음식이나 사 줄 수 없는 장난감에 대한 욕구를 부추기는 광고까지 말하는 것이다.

   텔레비전을 켜 놓고 아무도 보지 않는 것도 나쁘기는 마찬가지다. 그저 소음으로 인한 혼란만을 가중시킬 뿐이다. 아이의 텔레비전 시청을 조절할 수 있는 몇 가지 방안을 제시하겠다.

텔레비전 시청에 대한 몇 가지 도움말

당신이 리모컨의 주인이 되어야 한다. 얼마 동안 텔레비전을 보도록 허용할 것인지, 그리고 어떤 프로그램이 적당한지 당신이 결정한다. 좀 큰 아이라면 선택과정에 아이를 참여시키는 것도 좋다.

텔레비전은 당신이 시간을 활용하거나 아이를 보육하는 해결방법이 되어서는 안 된다. 그렇지만 만약 토요일 아침에 30분쯤 더 침대에 누워 있고 싶어서 아이에게 백설공주 비디오를 보여 준다고 자책할 필요는 없다. 당신만 그러는 건 아니다. 그리고 당신이 소파에 앉아서 동생에게 수유를 하는 동안 큰아이에게 비디오를 보여 주는 것은 충분히 용납될 수 있는 일이다. 텔레비전을 현명하게 활용해야 함을 유념하면 된다.

아이가 잠자리에 들기 직전에 시끄러운 만화영화를 보거나 컴퓨터 게임을 하지 않게 한다. 그런 것들은 아이를 지나치게 흥분시키고 과한 자극을 준다.

아이를 겁에 질리게 하는 프로그램을 보지 못하게 한다. 어떤 아이에게는 어린이용 만화영화도 무서울 수 있다. 아이가 무엇을 보고 있는지, 어떻게 반응하는지 늘 살펴보도록 한다.

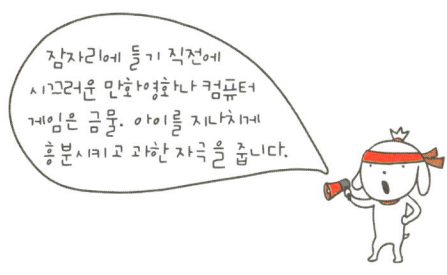

즐겁게 놀면서 사회성 키우기

즐거운 놀이를 위한 조언들

다양성은 삶을 맛깔스럽게 만들어 주는 양념이다. 다양한 활동을 제공하면 아이를 더 즐겁게 해 줄 수 있다. 놀이는 반드시 장난감만을 의미하는 것은 아니다. 외출하기, 공원에 산책 가기, 마당에서 뒹굴기, 부모님 일 도와주기, 물감과 점토로 창의적인 즐거움 갖기, 가상놀이 등이 모두 놀이의 범주에 들어간다. 놀이가 꼭 시끄럽고 수선스러워야 하는 것은 아니다. 조용한 시간도 그에 못지않게 즐거울 수 있다.

비 때문에 밖에 나갈 수 없다면 낡은 시트와 담요를 테이블에 걸쳐서 '동굴'을 만들어 보세요.

아이와 함께하는 즐거운 놀이

아이가 하고 싶은 놀이를 스스로 고르게 해 주는 것이 좋다.
스스로 해 볼 수 있도록 아이를 격려해 주어야 한다. 어떻게 하는지 보여 주되 아이가 해 보게 한다. 그렇게 해서 배우게 된다.

당신도 편안하게 참여하자. 놀이를 너무 진지하게 받아들이지 않는다. 함께 어울려서 우스꽝스러운 짓을 하며 즐겨 보자. 아이가 놀이를 이끌어 가도록 해 주는 것이 좋다.
비 때문에 밖에서 놀 수 없고 아이와 당신이 갇혀 있다는 느낌이 든다면 놀이를 만들어 내 보자. 낡은 시트와 담요를 테이블이나 소파에 걸쳐서 '동굴'이나 '텐트'를 만들어 보는 건 어떨까.

아이의 상상력이 마음껏 분출되도록 도와주자. 옷가지들은 역할놀이를 할 때 훌륭한 도구가 된다. 아이에게 당신이 입던 낡은 옷을 입혀서 즐거움을 느끼게 해 주자.
아이 나이에 맞지 않는, 큰아이들이 가지고 노는 장난감을 강요하지 말아야 한다. 그런 장난감은 아이의 발달을 촉진시키는 것이 아니라 좌절감만 안겨 줄 뿐이다. 장난감과 게임은 안전상의 이유만으로 추천연령을 정하는 게 아니다.

너무 어린 아이에게 비싸고 부서지기 쉬운 장난감을 사 주지 않도록 한다. 비싼 장난감은 당신에게 걱정거리와 잔소리거리만 안겨 주게 되고 결국 장난감이 망가졌을 때 아이를 탓하게 될 것이다. 그건 온당치 못한 일이다. 어린아이에게 가격은 아무 의미가 없다. 비싸다고 더 좋은 장난감이라는 보장도 없다. 포장지와 빈 상자만 가지고도 두 살짜리 아이가 얼마나 재미있게 놀 수 있는지 생각해 보면 알 수 있을 것이다.

가능할 때마다 밖으로 나가자. 아이들은 숨 쉴 공간, 뛰어다니면서 넘치는 에너지를 배출할 공간이 필요하다. 그건 당신에게도 필요하다!

문제상황 : 싸우고 공격적으로 행동한다

놀이는 때때로 아이가 보일 수 있는 최악의 모습을 불러내기도 한다. 거실에서 사이좋게 놀고 있던 아이들이 순식간에 3차 세계대전을 일으킬 수도 있다.

온갖 이유 때문에 적대감이 분출할 수 있다. 유아들의 경우에는 종종 생각을 하지 않기 때문에 싸움이 발생한다. 어린아이들은 주의를 돌려 주거나 미연에 방지하지 않으면 충동적으로 행동한다. 아이는 다른 사람을 걷어차면 상대가 아플 것이라는 사실을 모른다. 머릿속에서 순간적으로 그렇게 해야겠다고 여겨지면 행동으로 옮기는 것이다. 어린아이들은 때때로 언어로 풀어낼 수가 없어서 몸으로 후려치기도 한다.

좀 큰 아이들은 싸우거나 물거나 그 밖의 공격적인 행동을 하면 즉각적으로 관심을 끈다는 사실을 금방 배운다. 그건 부정적인 관심이지만 그래도 관심을 전혀 끌지 못하는 것보다는 좋다고 여긴다. 나누고 협력하는 기술을 제대로 습득하지 못한 경우나 질투심이 일어날 때도 공격적인 행동을 한다. 게임에 지거나 장난감을 양보하지 않으려고 할 때도 격렬한 분노가 유발될 수 있다.

가끔 발생하는 작은 싸움, 언쟁, 다툼과 지속적인 싸움은 다르다는 사실을 기억하자. 말다툼이 시작되려는 기미만 보여도 달려들지는 말아야 한다. 저희끼리 해결할 수 있는지 스스로 알아내게 한다. 싸움과 공격성은 다른 문제다.

싸움과 공격성의 배후에 깔린 이유를 이해하는 것도 중요하지만 당신이 그러한 행동을 용납하지 않는다는 사실을 아이에게 분명하게 알리는 것도 못지않게 중요하다. 가정에서 공격적인 행동이 용납되면 아이는 친구네 집, 공원, 유아원이나 학교에서도 같은 행동이 용납될 수 있다고 생각하게 된다.

해결방법 : 심술자리 테크닉으로 싹을 자른다

어린아이들의 싸움과 공격성은 싹이 틀 때 잘라 버려야 한다. 아이가 자신의 행동을 이해할 만큼 자랐다고 여겨질 때부터 그런 행동이 용납될 수 없음을 보여 주기 위해 심술자리 테크닉을 사용한다.(98쪽 참조) 다른 길은 있을 수 없다. 싸움은 절대로 용납되지 않음을 분명히 해야 한다. 좀 더 지각이 있는 큰아이의 경우에는 격리 혹은 무관심 테크닉(103쪽 참조)을 사용하도록 한다.

놀이시간에 항상 싸움이 일어난다면 당신은 함께 논다는 것이 무슨 뜻인지 아이가 이해할 수 있도록 확실히 알려 준 후 아이와 함께 놀아 주면서 차례를 지켜서 노는 방법을 보여 준다.

문제상황 : 파괴적으로 행동한다

아기에게 종이로 만든 책을 주고 다음 순간에 보면 책장을 씹고 구기고 빠는 등 여러 가지 방법으로 책을 살펴보는 모습을 발견하게 된다. 그건 파괴적인 행동이 아니다.

아기가 테이블에 부딪혀서 장식품이 날아간다 해도 그건 파괴적인 행동이 아니다. 그건 사고다.(그리고 당신이 소홀했기 때문에 일어난 일이다) 하지만 만 네 살 난 아이가 자기 방의 벽지를 찢거나 사인펜으로 문에 낙서를 하고 새로 받은 장난감을 10분 만에 망가뜨린다면 그건 파괴적인 행동이다.

해결방법 : 규칙을 확실히 이해하도록 해 준다

아이가 규칙을 확실히 이해하도록 해 주어야 한다. 벽에 낙서를 하거나 벽지를 찢고 장난감을 부수는 행동은 용납되지 않는다고 가르친다. 당신의 규칙을 뒷받침하기 위해서 심술자리 테크닉(98쪽 참조)을 사용한다. 극단적인 상황이라면 장난감 압수 테크닉(106쪽 참조)을 사용할 수도 있다. 그리고 아이가 장난감을 잘 사용하고 간수할 수 있을 때까지 장난감 개수를 제한하는 것도 한 방법이다.

또 당신의 집 안을 잘 살펴보자. 만약 집이 아수라장이라면 아이에게 자신의 환경과 물건을 소중히 하는 것이 중요하다는 메시지가 전달되지 않을 것이다. 이런 문제들에 관한 규율을 지켜 나가기 위해서 모델하우스 같은 집이 필요한 것은 아니지만 어느 정도 기본적인 질서는 필요하다.

정리된 집안환경에서 물건을
소중히 다루는 마음이 길러진다는 사실!

기타 행동에 관련된 문제들과 해결방법

자녀 양육에는 많은 회색지대가 존재한다. 하지만 아이가 침을 뱉거나 음식을 던지는 행위는 회색지대에 속하지 않는다. 아이가 다른 아이를 다치게 하는 것도 회색지대에 속하지 않는다. 그렇지만 칭얼거림과 불평불만, 수줍음 같은 문제는 어떨까?

아이들은 모방의 선수이며 재빠르게 배운다. 아이가 학교 운동장에 처음으로 발을 들여놓기 전에는 아이가 쓰는 나쁜 말들이 다른 아이들 때문이라고 탓할 수 없다. 아이들은 그런 나쁜 말들을 당신에게서 들었을 가능성이 가장 높다. 우선, 자신의 행동을 돌아보자. 아이에게 추상적인 기준을 세워 줄 수는 없다. 당신이 말과 행동을 다르게 하면서 아이가 당신이 말한 대로 행동할 것이라고 기대할 수는 없다. 바람직한 행동을 했을 때 칭찬해 주는 형태의 긍정적인 보상은 이런 종류의 회색지대에 속한 문제들을 바로잡는 데 큰 도움이 된다.

문제상황 : 칭얼거린다

아이들은 온갖 것을 배운다. 당신이 많은 시간을 불평하며 지낸다면 아이들은 당신의 징징거리는 말투를 반드시 배우게 되어 있고 그걸 당신에게 사용하기 시작할 것이다. 이런 칭얼거림이 이어지면 당신은 십중팔구 지쳐서 포기하고 아이가 원하는 것을 주게 되어 있다.

해결방법 : 아이의 행동을 흉내 낸 다음 올바른 방법을 알려 준다

칭얼거린다고 양보해서는 안 된다. 양보하기 시작하면 아이는 칭얼거리는 것이 원하는 결과를 보장해 주는 행동이라는 사실을 배우게 된다. 만약 아이가 당신이 주고 싶지 않은 어떤 것을 달라고 보채면 당신은 첫째, 예컨대 점심시간이 거의 다 되었기 때문에 과자를 주지 않을 것이며, 둘째, 칭얼거리는 것은 어떤 것을 요구할 때 쓰는 좋은 방법이 아니라는 사실을 설명해 주어야 한다. 만약 아이가 가져도 되는 것을 칭얼거리면서 요구할 때는 제대로 다시 이야기하면 즉시 줄 수 있다고 설명해 준다. 아이에게 당신이 바라는 행동이 무엇인지 보여 주고 말해 준다.

   아이의 칭얼거리는 목소리와 표정을 흉내 내서 보여 주자. 내가 아이들에게 그렇게 보여 줄 때마다 아이들은 배꼽을 잡고 쓰러진다. 그리고 올바르게 부탁하는 방법을 알려 준다. "공손하게 부탁하면 주스를 마실 수 있어. '주스 좀 주실래요?' 라고 말하는 거야. 자, 말해 봐."

문제상황 : 지나치게 수줍어한다

아이들은 종종 잘 모르는 사람 앞에서 수줍음을 탄다. 이건 자연스러운 행동이며 아이가 엄마나 가장 중요한 양육자에게 강한 애착을 느끼고 있고 어떤 형태로든 분리되는 것을 불안해하는 단계에서 나타나는 특성이다. 그건 실은 수줍음이 아니다. 그런 행동에 대해서 지나치게 관심을 주지 말고, 자신의 아이를 '수줍음 타는' 아이라고 꼬리표 붙이려는 유혹에 넘어가지 말라. 수줍음 타는 아이의 행동이 '사랑스럽다'고 생각하는 것은 그보다 더 나쁘다.

아이가 약간 수줍음을 타는 것은 괜찮다. 아무 문제가 없다. 어떤 아이가 다른 아이들보다 더 외향적인 것은 천성일 수 있다. 그렇지만 좀 더 큰 아이가 극단적인 수줍음을 보이면 당신이 사람들을 초대하거나 친구네 집에 갈 때 어려움을 겪을 수 있다. 당신이 조기에 문제를 장악하지 못하면 아이가 학교에 적응해야 할 시기에 문제를 일으킬 수도 있다.

어떤 아이들은 관심을 받거나 하기 싫은 일을 피하는 수단으로 수줍어하는 행동을 하기도 한다. 아이도 아주 잘 아는 사람에게 인사를 시키려고 몹시 애쓰고 있는 엄마의 치맛자락에 매달리는 아이들이 바로 그런 부류다.

해결방법 : 야단법석 떨지 말고 가볍게 달랜다

수줍어하는 행동에 대해서 야단법석 떨지 말고 아이에게 필요 이상의 관심을 보이지 않는 것이 좋다. 아이가 다른 사람을 어떻게 대하기를 바라는지 보여 주고 설명해 준다. 가볍게 달래서 자신감을 유도해 낸다. 어릴 때부터 아이를 사람들, 특히 다른 아이들에게 둘러싸이는 상황에 노출시키는 것이 좋다.

 다른 사람들에게 "안녕하세요"라고 말하는 것이 예의 바르고 좋은 행동이라는 것을 가르쳐 주자. 아이가 마주치게 될 새로운 상황에 대해 미리 설명해 주어 주저하는 반응을 보이지 않도록 조처를 취한다. 아이에게 당신이 공원, 친구네 집, 놀이그룹 등에서 사람들 사이를 자신 있게 옮겨 다니는 모습을 보게 해 주고 아이가 당신을 자신의 수줍은 구석으로 끌어들이지 못하게 한다.

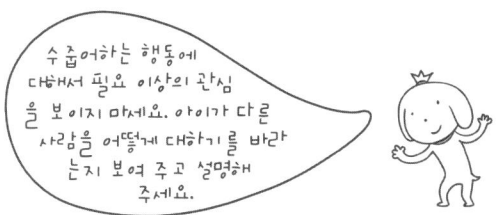

수줍어하는 행동에 대해서 필요 이상의 관심을 보이지 마세요. 아이가 다른 사람을 어떻게 대하기를 바라는지 보여 주고 설명해 주세요.

문제상황 : 두려움을 느낀다

어린아이들은 악몽, 큰 소리, 물, 개, 귀신, 기타 자신의 활발한 상상력에서 이끌어 낸 여러 가지에서 두려움을 느낀다. 두려움에는 언제나 진지하게 대처해야 한다. 두려움은 아이들에게 상당히 심각한 문제다.

어떤 두려움은 특정한 발달단계와 연결되어 있다. 한두 살가량의 아기들은 진공청소기나 믹서 같은 가전제품 소리를 무척 싫어한다. 만 네 살 정도 되면 종종 개를 무서워하게 된다. 비합리적인 두려움은 현실과 환상을 분명하게 구분하지 못하는 단계에서 보이는 특성이다. 그렇다고 해서 두려움이 아이에게 덜 실제적인 것은 아니다. 아이는 텔레비전에서 무서운 장면을 본 후 악몽을 꾸기도 한다. 어떤 아이에게는 디즈니 영화조차도 두려움을 일으킨다. 아이가 무엇을 보는지, 어떻게 반응하는지 살펴보면서 아이가 불편해하는 것 같으면 스위치를 꺼야 한다.

해결방법 : 무시하지 않고 소통의 라인을 열어 둔다

아이가 두려워할 때 가장 필요로 하는 것은 당신의 위로다. 설명도 효과가 있을 수 있다. 진공청소기로 인한 두려움은 보통 저절로 사라진다. 한편 두려움을 느끼는 기간 동안 당신은 아이를 두렵게 하는 진공청소기나 믹서 또는 다른 가전제품 소리에 아이가 점차적으로 익숙해지게 함으로써 그 기간이 좀 더 쉽게 지나갈 수 있도록 해 주어야 한다. 아이를 기계에서 꽤 떨어진 곳에 세워 두고 스위치를 몇 차례 빠르게 껐다 켰다 함으로써 아이가 소음이 시작되는 것뿐 아니라 멈추는 것도 들을 수 있게 해 준다. 그런 후에 아이에게서 떨어진 곳에서 기계를 사용한다. 아이를 겁에 질리게 하는 것은 소리가 가까워질 때다.

물이나 개에 대한 두려움은 아이를 겁먹게 하는 대상에 점진적으로 섬세하게 다가가게 함으로써 아이가 긴장을 풀고 두려움을 극복하는 방법을 배울 수 있게 해 주어야 한다. 아이의 입장이 되려고 해 보라. 어른의 눈높이에서 보면 개는 그다지 무서워 보이지 않을 것이다. 하지만 네 살짜리 아이는 같은 동물이라도 훨씬 크다고 느끼며 바로 눈높이에서 보게 된다. 일단 긴장을 풀면 아이는 당신의 어깨에 매달려서 얼굴을 파묻는 대신 바닥에 자기 발로 서게 될 것이다.

아이가 무서운 꿈을 꾸었다고 당신을 깨우러 왔다면 절대로 아이를 의심하지 말라. 당신은 의사소통의 라인을 열어 두어야 하며 아이의 두려움을 무시해서는 안 된다. 밤에 아이가 악몽을 꾸다가 깨서 무서운 상상을 하게 되었다면 아이를 방으로 데리고 가서 편안하게 해 주고 안심시켜 주어야 한다. 아이는 어둠 속에서 장난감이 보여 주는 이상한 형태에 놀랐을 수도 있다. 아이와 함께 앉아서 불을 끄고 그 실루엣이 아이가 좋아하는 인형일 뿐임을 보여 준다. 문을 살짝 열어 놓고 거실에 불을 켜 둔다. 아이가 안정되면 당신이 어디에서 무엇을 하고 있을 것이라고 알려 준다. "엄마한테 이야기하고 싶으면 불러. 엄마는 거실에 가 있을게. 저녁을 먹고 텔레비전을 보고 있을 거야." 아이가 좋아하는 부드러운 장난감이나 고무 젖꼭지를 주고 이불을 덮어 준다.

두려움 없는 외출을 위해 새겨 두어야 할 것들

아이들은 정말로 중요한 순간을 잘 집어내는 것 같다. 아이들은 당신이 가장 창피해할 것 같은 상황, 다시 말해서 많은 사람들이 지켜보는 상황을 위해 최악의 행동을 비축해 둔다. 놀랄 것은 없다. 당신의 아이는 당신의 속을 빤히 읽고 집을 나서기도 전에 당신이 스트레스를 받거나 긴장하거나 불안해하는 신호를 파악한다. 당신은 아이에게 얌전히 있으라고 당부함으로써 그런 신호를 잡아내기 쉽도록 도와준다. "지금 슈퍼마켓에 갈 건데 이번에는 정말 말 잘 들어야 해, 알았지?"

외출에는 창피함이라는 문제만으로는 부족해서 위험이라는 문제도 도사리고 있다. 어린아이를 데리고 길을 걷거나 운전을 하는 것은 위험이 잠재되어 있는 상황이다. 아이가 안전의 중요성을 이해할 만큼 자라기 전까지는 안전벨트에 관한 규칙도 자신에게 주어진 한계를 테스트해 보고 싶은 또 하나의 제약에 불과하다.

누가 쇼핑이 두렵다고 했던가!
-참여 테크닉의 놀라운 파워

즐겁게 놀면서 사회성 키우기

문제상황 : 장보기가 조마조마하다

어린아이들은 유독 슈퍼마켓에서 말을 잘 안 듣는다. 카트에서 내려오겠다고 칭얼거리고 통로를 뛰어다니며 진열대에서 물건을 끄집어내고 이것저것 사 달라고 졸라 대다가 이 모든 일이 실패로 돌아가면 계산대 앞에서 분노를 폭발시키기도 한다.

많은 부모들이 슈퍼마켓에 가는 일을 몹시 두려워하면서 산다. 슈퍼마켓뿐 아니라 모든 쇼핑이 다 두려울 수 있다. 어떤 사람들은 너무나 두려운 나머지 절대로 아이를 데리고 쇼핑을 하지 않는다.

그러나 누군가가 아이를 돌보아 줄 수 있는 시간에만 쇼핑을 하는 것이 언제나 현실적으로 가능한 건 아니다. 이러한 쇼핑을 잘 활용할 수 있는 방법들 예를 들면, 당신과 남편이 소중한 시간을 보낼 수 있는 기회로 삼을 수 있는 더 좋은 방법들이 있다.

해결방법 : 아이만의 쇼핑리스트를 준비한다

당신은 쇼핑을 성가신 일로 생각할 수도 있지만 그 사실을 어린 자녀에게 알려 줄 필요는 없다. 아이들은 슈퍼마켓에서 당신이 바쁘고 다른 데 신경을 쓰고 있을 때 지루함을 느끼기 때문에 말썽을 부리는 것이며 그때가 장난을 칠 수 있는 최적의 기회임을 안다.

어린아이들에게 기가 막히게 효과 있는 해결방법이 있는데 바로 당신이 하는 일에 아이를 참여시키는 것이다. 아이를 신나게 해 준다. 아이에게 임무를 부여하면 무척 좋아할 것이다.

나는 아이를 데리고 슈퍼마켓에 갈 때면 아이만의 쇼핑리스트를 만들어 준다. 나는 긴 목록을, 아이는 짧은 목록을 가지고 각자 책임을 진다. 빵이나 우유, 오렌지, 주스처럼 어른들이 사는 물건 목록을 적어 준다. 우리가 통로를 오가는 동안 나는 아이에게 목록에 무엇이 적혀 있는지, 그 물건을 찾아 보라고 말하면서 계속 상기시켜 준다. "아직 우유 못 찾았니?"

작은 목록에 단어를 쓰는 대신 그림을 그려 줄 수도 있지만 나는 아주 어린 아이들이라도 서너 개의 짧은 목록은 기억할 수 있음을 알아냈다. 시작하는 지점, 중간 지점, 끝나는 지점에서 찾을 수 있는 물건들을 고루 포함시켜서 슈퍼마켓을 다 돌 때까지 게임이 끝나지 않게 하는 것이 좋다.

〈슈퍼내니〉에서 우리는 이 방법을 슈퍼마켓을 여러 차례 위협했던 만 두 살 반짜리 찰리에게 적용시켜 보았다. 그 테크닉은 마술처럼 효력이 있었다.

문제상황 : 자동차 여행이 지루하다

아이가 10초 간격으로 "아직 다 안 왔어요?"라고 물음으로써 여행이 너무 길어서 지루해졌다는 사실을 당신에게 분명히 전달하는 행동은 차에서 겪게 되는 문제 중에서 그나마 가장 가벼운 것이다. 아이는 보통 당신이 도로에 나서자마자 이 말을 되풀이하기 시작한다.

만약 뒷자리에 아이가 한 명 이상 있다면 지루해져서 말다툼, 싸움, 발길질로 이어질 수도 있다. 극단적인 경우에는 아이가 카시트에서 나오거나 안전벨트를 풀려고 할지도 모른다.

때때로 아이들은 어떤 특정한 상황이 무섭기 때문에 차에서 고약하게 굴 수도 있다. 때로는 문제의 원인이 차멀미일 수도 있다. 아이가 자동차 여행(또는 기차 여행) 때문에 멀미가 난다고 분명하게 전달할 수 있을 만큼 크기 전이라면, 아이가 (소리 지르고 울고 난 다음) 토하기 직전에 얼굴이 하얗게 변하는지를 우선 살펴보아야 한다. 차멀미가 문제의 근본 원인이라고 의심되면 멀미약을 준비한다. 차멀미는 아이를 정말 괴롭게 할 수 있다. 차 안이 너무 덥거나 답답하지 않은지 확인하는 것이 좋다. 그런 경우에도 아이가 메스꺼워할 수 있다. 차축에 매달아서 땅에 끌리게 하는 끈으로 접지를 시키면 차멀미를 예방하는 데 도움이 된다.

해결방법 : 주의를 분산시킨다

여행을 그저 목적지까지 가는 수단이 아니라 흥미롭고 재미있는 놀이로 만듦으로써 차 안에서 일어나는 나쁜 행동을 예방하도록 해 보자. 아이에게 차 안에서 가지고 놀도록 좋아하는 장난감을 고르게 한다. 오디오책이나 음악 CD를 틀어 준다. 창 밖으로 지나가는 재미있는 것들을 지적해 준다. 좀 더 큰 아이들에게는 간단한 찾기놀이를 시킬 수도 있다. "빨간 차를 몇 대나 찾을 수 있니?"

아이가 차 안에서 계속 말썽을 부리거나 카시트에서 나오거나 안전벨트를 풀면 안전한 곳에 즉시 차를 세운다. 차 안에서 아이를 풀어 놓는 것은 매우 위험한 일이다. 아이가 뻗대면서 분노를 폭발시키더라도 꽉 누르고 아이를 앉힌 다음 안전벨트를 채워야 한다. 그리고 다시 출발하기 전에 아이가 진정할 때까지 기다린다. 아이에게 자리에 얌전히 앉아 있는 것이 얼마나 중요한지를 엄하게 설명해 준다.

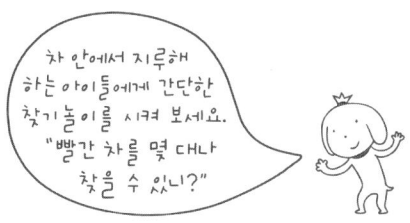

문제상황 : 순식간에 달아난다

들러붙는 아이가 있는가 하면 공원이나 길 또는 가게 등 어디에서나 당신에게서 떨어져 나가기를 좋아하는 아이도 있다. 방금 전까지 당신의 손을 잡고 있던 아이가 안 보이면 순식간에 가슴이 철렁 내려앉는다. 아이에게는 밖에서 달아나는 것이 규모가 크고 신나는 술래잡기처럼 여겨지겠지만 아이가 무사한 것을 알게 될 때까지 당신에게는 그것이 최악의 가능성을 품은 시나리오가 된다.

얘야, 너는 재미있니?
상상 속 고삐가 풀어질 때 엄마는 식은땀이 난단다.

해결방법 : 상상 속의 고삐를 잡아당겨라

길을 건널 때는 반드시 당신의 손을 잡아야 한다는 사실을 아이에게 분명하게 알려 주도록 한다. 왜 그래야 하는지 긍정적인 방식으로 아이에게 가르쳐 주고 길을 건널 때마다 예행연습을 시킨다. "자, 이제 우리가 뭘 해야 하지? 손을 잡아야지. 차를 살펴봐야지. 양쪽을 다 살피고 안전할 때 길을 건너야 해." 아무리 자주 되풀이해도 지나치지 않다. "초록색 불을 봐라. 초록색 불 보여? 초록색 불은 길을 건너도 안전하다는 뜻이야."

당신이 아이를 공원 같은 곳에 데리고 갈 때는 아이가 얼마나 멀리까지 가도 되는지 상세하게 설명해 준다. "내가 너를 볼 수 있게 미끄럼틀 근처에만 있어야 돼." 서로 간에 신뢰를 쌓아야 한다. 만약 아이가 달아나면 아이를 데려다가 당신의 손이나 유모차를 붙잡게 하거나 유모차 안에 앉힌다. 상상 속에서 고삐를 잡아당기는 것과 비슷하다.

그렇지만 기회가 있을 때마다 달아나는 아이가 있다면 규칙과 설명만으로는 안 된다. 만약 당신이 너무 불안해진다면 그런 상황에서는 정말 고삐를 사용해도 괜찮다고 나는 생각한다. 적어도 당신을 진정시켜 주는 효과는 있을 것이다. 아이가 어느 정도 상식을 갖추게 되어 달아나고 싶은 충동을 억제할 수 있는 나이가 될 때까지는 좀 안됐더라도 안전한 것이 낫다.

슈퍼내니의 10가지 으뜸 원칙

〈즐겁게 놀면서 사회성 키우기〉에 적용할 수 있는 10가지 원칙을 소개한다.

1. **칭찬이라는 상을 줘라** 사회적 기술을 가르칠 때는 칭찬과 긍정적인 강화가 중요하다. 바람직한 행동을 인정해 주자. 하지만 장난감을 정기적으로 특별 선물처럼 이용해서는 안 된다.

2. **일관성을 유지하라** 형편에 따라 규칙을 바꾸거나 새로 만들지 않는다. 한 번 세운 규칙은 끝까지 지키고 배우자도 당신을 지지하게 한다. 안전하게 건널목을 건너는 것같이 중요한 규칙들은 지속적으로 지도한다.

3. **일과표를 만들어서 지켜라** 실내와 실외 놀이시간을 당신의 일과에 넣자. 활동에 변화를 주고 비가 와서 밖에서 놀 수 없는 날에 대비하여 특별한 선물이나 게임을 마련해 두자. 가능한 한 밖에 많이 데리고 나가서 아이가 에너지를 발산할 수 있게 해 준다.

4. **허용되는 경계를 설정하라** 당신이 아이에게 기대하는 행동이 무엇인지, 규칙이 무엇인지 분명하게 알려 주자. 텔레비전 시청을 조절해야 한다. 정리정돈을 가르쳐서 소유물을 존중하도록 해 준다. 칭얼거림과 보챔에 지면 안 된다.

5. **단호하고 공정하게 통제하라** 싸움이나 공격성같이 용납될 수 없는 행동을 할 때는 심술자리 테크닉을 사용하라.

6. **예고와 경고를 잊지 말아라** 아이에게 다음에 어떤 일을 할 것인지 미리 알려 주어서 마음의 준비를 하게 한다. 갑작스럽게 놀이를 중단시키면서 아이가 다음 활동으로 부드럽게

넘어갈 것이라고 기대하는 것은 옳지 않다. 아이가 스스로 행동을 바로잡을 수 있도록 혼내기 전에 경고를 먼저 한다.

7. **구체적으로 설명하라** 회색지대에 들어오게 되면 당신이 아이에게 어떤 행동을 기대하는지 직접 보여 주고 설명해 주는 것이 좋다. 두려움의 배후에 있는 이유를 설명하고 충분히 안심시켜 준다. 아이에게 게임 방법과 장난감을 가지고 노는 방법을 가르쳐 준다.

8. **절대 흥분하지 말아라** 아이에게 장난감 가게를 통째로 사 주려고 하지 말라. 당신과 아이가 만들어 낸 장난감도 비싼 장난감 못지않게 재미있다. 모든 장난감이 동시에 나와 있지 않도록 교대로 꺼내 준다. 텔레비전 시청을 당신이 통제하고 아이가 보고 있는 내용을 모니터링하도록 한다.

9. **성취감을 주는 활동에 참여시켜라** 아이에게 다른 사람과 함께 나누고 교대하는 방법을 가르친다. 아이들이 놀고 있을 때 늘 기웃거리는 것은 좋지 않다. 슈퍼마켓에서 쇼핑을 하거나 당신이 바쁘게 일해야 하는 경우 참여 테크닉을 활용하면 효과적이다.

10. **긴장을 풀고 좋은 시간을 보내라** 아이와 함께 있는 것을 즐기자. 아이의 놀이에 참여하고 아이가 놀이를 이끌게 한다. 아이를 자주 껴안아 주고 동화책을 읽어 주자.

05 아침까지 편히 자기

아기가 태어나기 전에 누렸던 안락한 취침시간이 기억나는가? 침대에서 남편 옆에 누워 밤새도록 잘 자던 기억이 나는가? 일어나서 상쾌한 기분을 느끼며 하루를 준비하던 일이 생각나는가? 어린아이를 둔 많은 부모들에게 편안한 취침은 아득한 기억 속으로 사라져 버린 지 오래다. 그렇지만 반드시 그렇게 지내야 하는 건 아니다.

나는 부모들이 다른 어떤 육아문제보다도 취침문제에 더 많은 도움과 조언을 구한다고 생각한다. 그건 놀라운 일이 아니다. 가정 내에서 벌어지는 모든 전투와 위기상황 중에서 취침문제가 가장 큰 괴로움을 유발하기 때문이다.

밤새도록 울다 자다 하는 아기, 자정이 될 때까지 자지 않고 침대에서 기어 나오는 것이 재미있는 놀이라고 여기는 수선스러운 유아, 한밤중에 공포에 질려서 새벽도 되기 전에 부모의 침대로 기어 들어오는 학령 전 아동에 이르기까지 취침문제는 여러 형태로 나타나며 어떤 발달단계에서도 일어날 수 있다.

만약 아이가 잠을 자지 않거나, 잘 못 자거나, 재우는 데 저녁시간이 전부 걸린다면 가족 전체가 불편을 겪게 된다. 어쩌다가 수면을 방해받는다면 곧 회복할 수 있지만 몇 주일씩 못 자고 쉬지 못하는 것은 고문이나 다름없다. 당신이 지쳤을 때는 아주 간단한 일조차도 산을 오르는 것처럼 힘겨워질 것이다. 규칙적인 수면을 취하지 못하면 느긋하고 명랑한 사람일지라도 짜증이 나고 우울해지며 집중도 잘 안 되고 병이 나거나 사고를 일으킬 가능성도 높아진다. 그렇게 무기력한 상태만으로 끝나는 것도 아니다. 낮에는 아이를 돌보는 일이 더 어려워지고, 인내심을 잃기 쉬워 충돌이 더 많아지며, 그 결과 아이의 분노도 더 자주 폭발한다.

이러한 영향은 다른 가족에게도 파급된다. 아이 한 명이 잠을 안 자는 것으로 인해 엄마만 지치는 것이 아니라 아빠도 피곤해지고 형이나 누나도 짜증이 난다. 집안 전체가 엉망이 되는 것이다. 그리고 마지막으로, 잠을 안 자는 당사자인 아이도 괴롭다. 새벽 4시에 팔팔하게 뛰며 눈이 반짝이는 아이 역시 겉으로는 아무렇지 않게 보일지라도 자신에게 필요한 휴식을 얻지 못하고 있기는 마찬가지다. 늦게 자거나 밤에 오랫동안 깨어 있는 유아는 어른이나 큰아이들과 달리 대개 부족한 수면을 보충하지 못한다.

반가운 소식은 최악의 잠버릇도 놀라울 만큼 짧은 기간에 바꿔 놓을 수 있다는 사실이다. 며칠 만에 해결될 수도 있다. 아이에게 잘 맞는 취침 유형을 파악하면 당신은 이 문제에서 날렵하게 빠져 나갈 수 있다. 나는 이 장에서 소개하는 테크닉들을 사용해서 무수히 많은 성공을 거두었다. 분명 효과가 있다. 그리고 이 테크닉들은 모든 가족에게도 즉각 혜택을 줄 것이다. 당신은 아이가 밤새도록 잘 잘 뿐 아니라 규칙적으로 낮잠까지 자게 되는 변화를 목격하고 놀랄 것이다. 아마 아이의 식욕도 좋아질 것이다. 낮 시간에 아이는 좀 더 침착해질 것이고 당신은 육아를 훨씬 더 즐기게 될 것이다.

다른 규칙이나 테크닉처럼 당신은 이 테크닉들도 준수해야 한다. 당신이 피곤해지는 저녁 때나 따뜻한 침대에서 억지로 기어 나온 한밤중이면 대충 대응하기 쉽다. 모든 부모는 아이의 울음에 반응하도록 프로그램되어 있다. 그러나 정말 불편해서 우는 울음과 당신을 지치게 해서 양보하게 만들 목적으로 우는 울음 사이에는 차이가 있다. 당신이 아이에게 불친절하게 대하고 있는 것이 아니라는 사실을 잊지 말아야 한다. 당신은 그저 모든 아이들이 꼭 필요로 하는 것 즉, 숙면을 취하는 방법을 아이에게 가르치고 있을 뿐이라고 생각해야 한다. 아이는 자신이 자야 한다는 사실을 잘 모르지만 당신은 분명히 안다. 누구보다 당신이 가장 잘 알고 있다.

정말 불편해서 우는 울음과 엄마를 지치게 해서 양보하게 만들 목적으로 우는 울음 사이에는 차이가 있다는 사실을 잊지 마세요.

문제상황 : 잠자리에 들기를 거부한다

잠자리에 들기를 거부하는 아이는 자신에게 꼭 필요한 잠을 자지 못하는 동시에 당신이 혼자서, 배우자와, 혹은 다른 아이와 보내야 할 시간까지도 앗아 가고 있다. 이 사실은 밤에 되풀이해서 깨는 것에서 초래되는 피로보다는 덜 심각할지도 모르지만 가족들의 짜증과 긴장을 불러일으키는 중요한 원인이 된다.

자기 전에 물을 수없이 마시겠다고 하거나 화장실에 여러 번 가겠다고 하는 등 아이가 당신과 떨어지는 불가피한 순간을 미루기 위해 지연수단을 사용하는 것도 같은 문제상황이다.

가정생활의 다른 분야에서도 주도권을 잡고 있는 유아들이 이런 유형의 행동을 보이게 될 가능성이 특히 높다. 많은 아이들에게 취침시간은 몇 년씩 지속되는 전쟁이 된다.

해결방법 : 취침일과로 패턴을 각인시킨다

취침일과는 두 가지 중요한 기능을 한다. 우선 아이에게 잠자리에 드는 일관된 패턴이 있다는 사실과 아이가 마음대로 그것을 바꾸거나 조종할 수 없다는 사실을 알게 해 준다. 또 하나는 아이가 긴장을 풀도록 마련된 일련의 활동들을 통해서 아이에게 잠잘 준비를 시켜 준다는 것이다.

언제 잠자리에 들게 할 것인가

 첫 번째 단계는 잠자리에 들 시간을 정하는 것이다. 아이를 몇 시에 재우든 아이는 아침마다 같은 시간에 대체로 상당히 이른 아침, 어떤 때는 날이 밝자마자 일어나는 경향이 있다. 이것이 의미하는 것은 아이를 늦게 재울수록 다음 날 아이가 더 피곤해진다는 것이다. '자지 않으면서 누워 있는다' 는 것은 만 다섯 살 이하의 아이들에게는 해당되지 않는다.

 내 경험으로 볼 때 대부분의 학령 전 아이들은 저녁 7시에서 8시 사이에 잠자리에 드는 것이 좋다. 일단 취침일과가 시행되기 시작하면 전에 자신의 아이가 또래의 다른 아이들보다 잠이 적은 것 같다고 말했던 많은 부모들이 아이가 생각했던 것보다 훨씬 이른 시간에 기쁘게 잠자리에 들고 더 오랫동안 자는 것을 보고 놀라게 된다.

 그러나 애석하게도 대개 만 두 살에서 네 살 사이 아이들의 행복했던 오후 낮잠은 사라지고 만다. 이 시기의 아이를 둔 부모들은 샤워를 하거나 차를 마시거나 또는 고요함을 즐길 수 있었던 짤막한 평온을 몹시 아꼈을 것이다. 그렇지만 당신은 그런 단계가 영원히 지속될 것이라고 기대할 수는 없다. 만약 밤에 재우는 일이 다시 어려워지고 온갖 방법으로 달래도 아이

잠자리로 가는 고난의 여정

가 별로 졸려 보이지 않는다면 이제 낮잠은 과거의 일로 흘려보내야 할 때가 온 것이다. 아이가 낮잠을 자면 취침시간에 너무 말똥말똥하고, 낮잠을 안 자면 저녁 때 지나치게 피곤해져서 짜증을 내는 과도기를 거칠 수도 있다. 그러나 분명한 것은 그러한 과도기가 오래가지 않는다는 점이다.

정해진 취침시간은 아이에게 필요한 휴식을 제공해 준다. 그리고 큰아이는 숙제에 도움을 받든, 이야기를 나누든, 그저 당신과 함께 있든, 당신의 관심을 온전히 받을 수 있는 시간을 갖게 된다. 그리고 당신과 배우자는 저녁시간을 돌려받게 된다.

아이가 졸린지 알아내는 방법

만약 취침시간이 전쟁터 같다면 아이가 입으로는 자고 싶지 않다고 말하더라도 잠자리에 들 준비가 되어 있음을 알리는 다른 신호들을 보낼 때 놓친 경우일 것이다. 하품 같은 분명한 신호 외에도 칭얼거리기, 짜증 내기, 눈 비비기, 손가락 빨기, 바닥에 드러눕기 등이 자고 싶다는 신호가 된다. 만약 아이가 당신이 정해 놓은 취침시간 이전에 그런 신호를 보낸다면 취침시간을 앞당겨도 된다. 또 신호가 늦게 나타나면 단계적으로 조금씩 취침시간을 늦춰도 된다.

침대로 가는 카운트다운

효과적인 취침일과의 핵심은 각 단계마다 충분한 시간적 여유를 두어서 아이가 쫓긴다는 느낌을 갖지 않게 해 주어야 한다는 것이다. 그렇지만 너무 여유를 두면 아이가 주도권을 행사할 수도 있으므로 그것도 피해야 한다. 목욕을 시작하면서부터 잘 자라는 인사를 할 때까지 한 시간 정도면 적당하다.

아이가 아주 조숙하지 않은 한 아이는 한 시간이 얼마나 되는지 전혀 감을 잡지 못한다. 아이들은 아주 대략적인 시간 개념만을 갖고 있다. 그러므로 당신이 말하는 시계가 되어야 한다.

"5분 있다가 목욕탕에 들어간다."

"2분 있다가 목욕탕에서 나와야 해."

"이 이야기를 읽고 나면 불을 끌 시간이야."

취침일과를 편안하게 진행한다는 것은 아이에게 다음에 무슨 일을 할 것인지 규칙적으로 알려 줌으로써 각 단계마다 필요한 준비를 할 시간을 준다는 뜻이다. 어떤 의미에서 이것은 당신이 나쁜 행동에 대해서 경고하는 것과 유사하지만 이 방법에서는 꾸지람이 필요 없다.

아이를 잠자리에 들게 하려면

취침시간을 앞두고는 될 수 있는 대로 일을 차분하게 진행시킨다. 이 시간에는 소란스러운 만화 영화, 비디오를 보여 주거나, 컴퓨터 게임, 심한 몸놀이는 하지 않는 것이 좋다. 지나치게 자극을 받아서 흥분한 아이는 금방 진정하고 잠들 수 없다. 진정하는 것이 중요하다.

당신이 취침일과를 시작하기 10분 전쯤에 취침시간이 다가오고 있다고 분명하게 알려 준다.

목욕으로 취침일과를 시작하는 것이 좋다. 따뜻한 물은 자연스럽게 긴장을 풀어 준다. 목욕을 시작하기 전과 마칠 때쯤 예고를 해 주어야 한다.

쉬운 일에 아이의 협조를 유도한다. 그러면 아이도 참여한다는 느낌을 받게 될 것이다. "자, 이제 목욕탕에서 나올 시간이야. 욕조 마개 좀 열어 줄래? 잘했어!"

각 단계가 순조롭게 진행될 때마다 아이를 칭찬해 준다.

아이에게 동화책을 읽어 준다. 아이가 선택하게 해 주는 것이 좋다. 의견충돌이 일어날 수도 있으므로 너무 많은 선택사항을 제시하지는 않는다. 그렇지만 아이가 특별히 좋아하는 동화책이 있다면 물론 그것을 읽어 주어야 한다.(단, 그 이야기는 다음 날 밤, 그다음 날 밤, 또 그다음 날 밤에도 읽게 될 것이라고 각오하는 것이 좋겠다) 아이의 주의가 집중되도록 그림에 대해서 질문하는 것도 좋다. "토끼 보이니? 토끼가 뭘 하고 있지?"

어쩌면 아이는 책을 읽고 난 후에 조금 더 이야기를 하고 싶어 할지도 모른다. 아이에게 그날 있었던 일에 대해서 칭찬해 주기에 좋은 시간이다. "오늘 점심 먹을 때 너 아주 착했단다." 당신은 또 내일 무슨 일이 있을 것인지 이야기해 줄 수도 있다. "우리는 로즈와 함께 공원에 갈 거고 그다음엔 차를 마시러 이지네 집에 갈 거야."

마음을 달래 주는 포근한 장난감 한두 개 정도는 취침시간에 엄마와 떨어지기 쉽게 도와줄 수 있지만 침대를 놀이방으로 만들어 놓는 것은 곤란하다. 나중에 당신이 되돌아와서 잠든 아이를 살펴볼 때 아이가 일찍 일어나서 놀고 싶을 경우 가지고 놀 수 있도록 발치에 몇 개의 장난감을 놓아 두는 것은 괜찮다.

'불을 끌' 시간이 다가오면 몇 분 전에 예고를 해 준다.

아이가 잠들 때까지 함께 기다려 주는 습관은 들이지 않는 것이 좋다. 만약 아이가 피곤하고 당신이 단계별로 취침일과를 마쳤다면 그때쯤 아이는 상당히 졸릴 것이고 쉽게 잠들 것이다.
불은 반드시 꺼야 한다! 불이 켜져 있으면 아이는 절대로 잠들 수 없다.
지름길을 택해서 일과를 서둘러 마치려고 해서는 안 된다. 당신이 단계를 생략하면 아이는 그 사실을 알아차리게 되고 그러면 협조를 안 하게 된다. 결국은 시간이 더 걸릴 수도 있다.

배우자와 교대로 아이를 재울 경우 두 사람 모두 동일한 규칙과 단계를 지키도록 한다. 일관성을 유지하고 통일된 모습을 보여야 한다.
아이가 소파에서 잠들게 한 후 침대로 옮기는 것은 좋지 않다. 아이는 자신이 어떻게 침대로 가게 되었는지 놀라면서 깰 것이다.

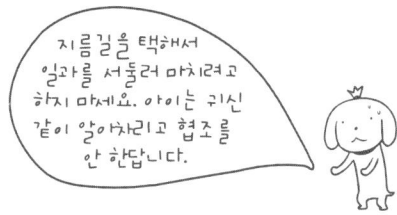

여러 아이를 한꺼번에 재우기

큰아이들은 당신이 지켜보지 않아도 취침일과 중 많은 부분을 스스로 할 수 있다. 그렇지만 당신이 만 다섯 살 미만의 아이를 한 명 이상 데리고 있다면 취침시간은 아직도 손이 많이 가는 일일 것이다. 물론 아이가 많을수록 더욱 그렇다.

해법은 잠자리에 드는 시간을 쪼개거나 엇갈리게 해서 제일 어린 아이를 먼저 재우고 곧이어서 큰아이를 재우는 것이다. 가능하다면 부모가 각자 한 아이씩 맡는 것이 좋다. 취침일과는 아이들 각자가 개별적인 관심을 어느 정도 받을 때 가장 효과적이다. 아이들이 엄마, 아빠와 번갈아 가며 특별한 시간을 보낼 수 있도록 신경 써서 교대한다.

아이가 한 명 이상일 때 취침시간을 효과적으로 겹치게 하려면 목욕시간을 이용하는 것이 좋다. 동생을 목욕시킬 때 큰아이에게 도움을 청할 수 있다. 비누나 타월 또는 장난감을 가져오게 하는 것 같은 간단한 심부름으로 아이의 자신감과 협동심을 북돋워 줄 수 있다. 이러한 종류의 참여는 연쇄 효과가 있어서 큰아이는 자신의 취침일과가 다가왔을 때 훨씬 더 잘 행동하게 된다.

일과가 중단될 때

일과를 그르칠 수 있는 중단에는 피할 수 있는 중단과 피할 수 없는 중단이 있다. 당신이 일요일 밤에 맡은 바를 다 하고 일상적인 취침일과를 감행할 준비가 되어 있다면 토요일에 조금 늦게 재워도 좋다. 그러나 텔레비전을 보기 위해 늦게 자겠다는 아이의 말에 설득당해서는 안 된다. 비디오 녹화기는 그럴 때를 위해서 있는 것이다.

그러나 일과를 포기하게 되는 때도 있다. 아이가 아프거나 이가 날 때는 신체적인 불편함 때문에 어떻게 달래도 효과가 없을지 모른다. 일단 위기가 지나가고 나면 가능한 한 빨리 정해진 일과로 되돌아가는 것이 좋다. 일시적인 중단으로 규칙이 느슨해져서는 안 된다.

아이는 자신의 침대를 분신처럼 여기며 익숙한 환경에서 많은 안정감을 얻기 때문에 집을 떠나서 다른 곳에 머물 때 아이를 안정시키기가 쉽지 않을 것이다. 아이가 좋아하는 장난감이나 담요처럼 자신의 침대나 침실을 생각나게 하는 물건들을 가지고 가면 낯선 환경에서 아이를 안정시키는 데 유용하게 쓰일 것이다. 집을 떠나 있을 때도 가능한 한 비슷한 일과를 지켜서 돌아왔을 때 일과를 완전히 새롭게 시작하지 않아도 되도록 하자.

문제상황 : 혼자 자지 못한다

당신이 아이가 잠들 때까지 방을 떠나지 않고 늘 함께 있어 주었다면 당신의 존재가 취침시간에 대해 아이가 품고 있는 생각에 각인되어 버려서 당신과 떨어지는 순간을 유난히 힘들어하게 될 것이다. 그렇게 되면 당신의 저녁시간 중 큰 덩어리가 흔적도 없이 사라져 버리게 될 것이다.

　부모 중 한 사람이 방에 있어야만 잠을 잘 수 있는 아이는 혼자 잠드는 법을 배워야 한다. 아이가 어릴 때 조금 더 따뜻하게 대해 준다고 시작한 일이, 아이가 커 가면서 분리의 순간을 점점 더 지연시킬 수 있는 온갖 방법을 배우게 되면 또다시 통제의 문제로 발전하게 될 수 있다.

해결방법 : 점진적 따로 자기 테크닉

이 테크닉은 아이의 의존도를 점진적으로 낮춰서 아이가 당신이 방에 없어도 혼자 잠들 수 있게 해 준다.

- 아이를 침대에 눕힐 때 아이와 함께 누워서는 안 된다. 침대 위에 앉지도 않는다. 아이에게 잘 자라고 말하고 안아 준 뒤 이제 잘 시간이라고 말한다. 그런 후에 침대 옆 바닥에 앉는다.
- 아이의 얼굴이 당신을 향하지 않도록 고개를 돌려 준다. 당신과 눈이 마주치면 아이는 이야기를 하려고 할 것이다. 아이에게 눈을 감고 잘 시간이라고 말해 준다.
- 불을 끄고 문은 열어 둔다.
- 아이가 잠들 때까지 아이를 바라보지 말고 조용히 앉아 있는다. 아이가 당신에게 말을 걸려고 할 때마다 "자야지"라고 말해 준다.

- 다음 날 밤에도 같은 단계를 계속하되 침대에서 조금 더 떨어진 바닥에 앉는다. 침대에서 점점 떨어져서 문 쪽으로 다가가 앉다가 마침내는 열린 문 바깥에 앉게 될 때까지 되풀이한다.
- 마지막 단계는 문을 연 채 방 밖에 앉는 것이다. 이 테크닉은 시간이 좀 걸리지만 몇 년씩이나 계속될 수도 있는 나쁜 습관을 없애고 있는 중이라는 사실을 기억하면 견딜 수 있을 것이다.

문제상황 : 자다가 깬다

아이도 어른처럼 밤에 잠깐씩 잠이 깬다. 우리는 약 한 시간마다 의식이 거의 되돌아오는데 그럴 때마다 몸을 뒤척이고 다시 잠들게 된다. 그것이 자연스러운 수면 패턴이다. 그러나 그렇게 잠시 깨는 순간이 완전한 의식상태로 이어지고 다시 잠들기가 힘들어지는 것은 자연스러운 현상이 아니다.

누구나 그와 같은 밤을 경험한다. 당신은 새벽 3시쯤 잠이 깨서 다가오는 마감일이나 미처 생각하지 못했던 지출 때문에 생기는 염려를 떨쳐 버리지 못할 수도 있다. 또는 옆집에서 일생일대의 파티를 벌이느라 내는 소음 때문에 깨서 다시 잠들지 못할 수도 있다. 아이도 두려움이나 무서운 꿈, 또는 이가 나거나 병이 났을 때처럼 신체적 불편함 때문에 잠에서 깰 수 있다. 그러나 며칠, 몇 주씩 계속된다면 그건 완전히 다른 이야기다. 당신이 아이가 밤중에 깼을 때 요구하는 대로 먹을 것을 주거나 달래 주거나 놀아 준다면 당신은 나쁜 습관을 강화시키고 있는 것이다. 또한 아이는 혼자 잠드는 방법을 배울 기회를 잃고 만다.

아기일 때

아주 어린 아기들, 특히 모유를 먹는 아기들은 배가 고프거나 기저귀가 젖었기 때문에 밤에 일정한 간격으로 깬다. 영아는 젖을 조금씩밖에 먹지 못한다. 그것이 다 소화되었을 때 아기는 더 먹을 준비가 되었다는 사실을 당신에게 알려 줄 것이다.

시간 맞춰 젖을 먹여야 할 때는 이런 상황을 피할 수 없지만 엄마에게 미치는 영향을 최소화하고 아기에게도 낮과 밤이 다르다는 사실을 가르칠 수 있는 여러 가지 방법들이 있다.

- 야간등을 활용한다.
- 갓난아기일 때는 아기 침대나 바구니를 당신의 침실에 놓고 칭얼거림이 목청껏 우는 울음으로 변해서 가족들을 모두 깨우기 전에 반응하는 것이 좋다. 그렇지만 나는 아기를 침실에서 너무 오랫동안 데리고 자지 말라고 권하고 싶다. 아기가 조금만 소리를 내도 당신이 불필요하게 잠에서 깨게 되고 나중에 분리불안을 일으킬 수 있다.
- 아기가 깨면 젖은 주되 말을 걸거나 놀아 줌으로써 자극하지는 말아야 한다. 밤은 낮과 다르다는 메시지를 전달하도록 한다. 트림을 시키고 기저귀를 갈아 준 후 다시 자리에 눕힌다.
- 아기는 잠들었지만 당신은 아직 잠자리에 들지 않았을 때 모든 것을 최대한 조용히 하려고 발끝으로 걸어다닐 필요는 없다. 갑작스러운 큰 소리는 아기를 깨울 수 있지만 집 안에서 나는 일상적인 소리는 영향을 주지 않는다.
- 육아를 분담한다. 당신이 분유를 먹인다면 당신의 배우자도 밤에 젖 먹이는 일을 교대로 한다. 당신이 모유를 먹인다면 젖을 미리 짜 두면 된다.
- 아기가 젖을 다 먹으면 안고 있을 때 잠들지도 모른다. 아직 잠들지 않았다면 아기를 침대에 내려놓고 혼자 잠들게 둔다. 만약 칭얼거림이 계속되면 등이나 배를 부드럽게 문질러 주고, 아기가 정말 크게 울지 않는 한 안아 올리지 않는다. 가스 때문에 불편한 것 같을 때는 아기를 어깨에 기대게 하여 편안하게 해 준 뒤 다시 내려놓는다.

젖 떼기가 끝난 후

일단 이유식이 아기 식사의 일부로 자리를 잡게 되면 아기가 밤에 내처 자지 못할 이유가 전혀 없다. 만약 아기가 밤마다 몇 번씩 깬다면 배가 고파서가 아니라 달래 주기를 바라기 때문일 것이다.

매시간 깨서 우는 아이를 바라보는 것만 해도 어려운데 많은 부모들은 말똥말똥해진 아이를 안고 서성거리게 되고 만다. 얼마 지나면 이렇게 방해받는 밤이 일상이 된다. 깨서 울 때마다 안아 주고 먹여 주고 달래 주면 아이는 눈치를 챈다. 아이를 재우기 위해 동네를 잠옷 바람으로 운전하며 돌아다니고 싶지 않다면 상황을 직시하자.

- 만약 밤에 깨는 현상이 비교적 최근에 시작되어 며칠밖에 지속되지 않았다면 이가 나고 있기 때문일지도 모른다. 코막힘이나 감기도 아이의 수면을 방해할 수 있다. 우선 아이가 아프거나 이가 나는 건 아닌지 확인한다.
- 때로는 아이가 낮 동안 충분한 관심을 받지 못했다고 느낄 때 깨기도 한다. 그럴 때는 아이가 부당한 대우를 받았음을 항의하는 수단이 되는 것이다. 당신이 매우 바쁘거나 어려운 형편이라면 아이와 낮에 양질의 시간을 보낼 수 있는 방법을 연구해 본다.
- 아이의 등을 문질러 주거나 잠깐 안아 주는 것으로 쉽게 달랠 수 있다면 더 이상의 조처를 취할 필요가 없다. 문제는 시간이 지나면서 해결될 것이다. 칭얼거릴 때마다 반응하지 않도록 한다. 혼자 잠드는 방법을 배울 기회를 주는 것이 좋다.
- 당신이 이유식을 시작한 후에도 모유 수유를 계속하고 싶다면 자기 전에 마지막으로, 아침에 일어나서 처음으로 젖을 줌으로써 수유는 깨어 있는 시간으로 제한한다. 당신이 취침시간 중에도 수유를 한다면 아이를 밤새 푹 자게 할 가능성이 거의 없다. 엄마 젖은 놓치기에는 너무나 달콤한 위안이 되기 때문이다!

음, 왜 우는지 감이 오네.
-엄마는 분석 중

해결방법 : 통제된 울음 테크닉

만약 밤에 깨는 것이 규칙적인 패턴으로 자리 잡아서 가족들에게 심각한 영향을 미치고 있다면 통제된 울음 테크닉을 시도해 볼 수 있다. 여러 수면 훈련가들이 이와 유사한 테크닉을 채택하고 있는데 아주 효과적이다. 대체로 이 테크닉은 일주일 내에 마술처럼 효력을 발휘할 것이다.

우선 '통제된 울음'이 '아이를 울도록 내버려 두는 것'과 동일하지 않음을 밝혀 두는 것이 중요하겠다. 울도록 내버려 두는 것은 오늘날에는 받아들여지지 않는다. 그 방법은 잔인하고 비효과적이기 때문에 폐기되어 마땅하다. 아이를 울도록 내버려 두는 방법이 버려졌다는 느낌만을 강화해 주는 반면 '통제된 울음'은 당신이 아직 아이를 돌보고 있으며 떠난 것이 아니라 가까이에 있지만 지금은 잠잘 시간이라는 사실을 알려 준다.

나는 아이가 잠깐이라도 울도록 방치하기를 원치 않는 부모들도 있다는 사실을 안다. 내가 이 테크닉을 모든 가족에게 권하는 것은 아니지만 밤에 깨는 문제를 중단시키는 데는 최선의 방법이라고 생각한다.

이 테크닉의 핵심은 여러 유형의 울음에 대해 각각의 차이점을 구별해 내는 것이다. 날카롭고 지속적인 울음이나 낮고 신음 섞인 울음은 아이가 심한 불편이나 고통을 겪고 있다는 표시다. 만약 아이가 그렇게 운다면 즉시 조처를 취해서 무엇이 문제인지 알아내야 한다.

관심을 달라거나 달래 달라고 우는 소리는 다르다. 처음에는 칭얼거림이나 울부짖음으로 시작할 수도 있지만 대체로 아이가 자신이 보낸 신호의 결과를 기다리는 동안 잠시 중단되었다가 다시 시작하는 경향이 있다. 마치

파도와 같은 패턴을 보인다.

　아이의 울음 소리를 관찰하고 듣는 것은 당신의 몫이다. 당신이 여러 종류의 울음을 알아낼 수 있다고 완전하게 확신하게 될 때까지는 이 테크닉을 쓰지 않는 것이 좋다. 내가 이 테크닉을 사용하는 방식을 소개하겠다.

- 처음에 아이가 깼을 때 잠시 동안 울음의 톤을 들어 본다. 듣고 관찰한다. 아이의 울음 소리를 듣고 반응하지 않는 것은 부모로서 매우 어려운 일이지만 불안감에 휩싸이지 않도록 애써 보기 바란다. 만약 불편함을 전달하는 울음이 아니라면 잠시 기다린다.
- 울음이 어느 정도 지속된 후 아이에게 간다. 불을 켜지는 말라. 눈을 맞추지 말고 아이의 미간이나 배에 시선을 둔다. 말을 걸지 않는다. '쉬이' 소리처럼 달래 주는 소리를 내면서 아이의 등이나 배를 문질러 주고 다시 이불을 덮어 준 후 방을 나온다.
- 아이가 다시 일어나서 울 것이라는 사실을 예상한다. 그게 바로 당신이 다루고 있는 패턴이기 때문이다. 한 시간 후가 될지도 모르고 어쩌면 5분 내로 깰지도 모른다. 아이가 다시 울면 이전의 두 배 정도 되는 시간을 기다렸다가 가서 똑같은 절차를 되풀이한다.
- 그 후로 깰 때마다 달래러 갈 때까지의 시간을 두 배로 길게 잡는다. 이 점이 대부분의 부모들이 어려워하는 부분이다. 당신이 느끼게 될 감정들을 내가 설명해 보겠다. 엄마가 아이의 울음에 반응하는 것은 자연스러운 본능이다. 당신이 그러한 충동을 누르려고 할 때면 아드레날린이 솟구쳐서 손에서 땀과 열이 나며 가슴이 두근거리고 자제력을 잃을 것 같다는 느낌이 들 것이다. 하지만 이것은 단지 신체의 자연스러운 반응일 뿐임을 이해하고 되도록 냉정함을 유지한다. 배우자의 도움을 받거나 당신이 이런 느낌이 들 때 위안과 힘을 줄 수 있는 친구에게 자고 가라고 부탁하는 것도 한 가지 방법이다.
- 포기하지 말고 흐지부지하지 말자. 어쩌면 메시지는 당신이 생각하는 것보다 더 빨리 전달될지도 모른다. 일주일 내로 상당히 개선된 모습을 보게 될 것이다.

문제상황 : 침대 밖으로 빠져 나온다

만 두 살에서 세 살 사이에 또는 그보다 더 어릴 때부터 아이는 자기 마음대로 휘두를 수 있는 비밀병기를 발견하게 될 것이다. 침대 밖으로 나올 수가 있는 것이다! 적당한 시간에 잠자리에 들지만 밤에 계속해서 침대 밖으로 나오는 아이는 대체로 관심을 끌려는 것이다. 아이는 배가 고프다, 목이 마르다, 무서운 꿈을 꾸었다, 너무 덥다, 너무 춥다 등등 잠을 깬 데 대한 다양한 이유를 댈 것인데 어떤 이유는 앞뒤가 맞지도 않는다! 아이가 무슨 말을 하든지 밤에 깨는 것은 분명히 아이가 교묘하게 조작할 수 있는 나쁜 습관이 되어 버린 것이다.

해결방법 : 침대에 머물게 하기 테크닉

우선 아이가 침대에서 나올 수 있게 할 만한 모든 구실들을 제거한다. 아이가 밤에 목마를 경우에 대비하여 침대 옆에 물을 한 잔 갖다 놓는다. 또 잠자리에 들기 전에 화장실에 가게 한다. 아이가 침대에서 나올 구실을 점점 줄여 나간다.

그러고도 효과가 없으면 침대에 머물게 하기 테크닉을 사용한다. 이 테크닉의 결과는 아주 신속하게 나타난다. 여기서는 깨서 일어난 행동에 대한 이유를 놓고 아이와 말싸움하지 않는 것이 핵심이다. 만 다섯 살도 채 안 된 아이의 논리라는 것을 고려해 볼 때 당신은 전혀 승산이 없다.

- 아이가 처음 침대 밖으로 나오면 아이를 다시 데리고 가서 지금은 잠자는 시간이라고 설명해 준다. 살짝 안아 준 후 방 밖으로 나온다.
- 두 번째로 나오면 아이를 침대에 다시 눕히고 "잠자는 시간이란다"라고 말한다. 한 번 더 안아 주고 나온다.
- 세 번째에는 침대에 눕히고 말은 하지 않는다.
- 그 후에도 같은 방식으로 대처한다. 말이나 대화, 논쟁을 하지 않는다. 당신은 자신을 통제할 수 있어야 하고 자신의 감정을 제대로 이해해야 한다. 당신은 야박하게 굴고 있는 것이 아니라 아이에게 침대에 누워 있어야 한다는 사실을 가르치고 있는 것이다.
- 이 테크닉에 있어서는 처음에 아이를 침대에 눕힌 부모가 아이가 깼을 때 다시 침대로 데려다 주는 부모여야 한다는 점이 중요하다. 이 점을 철저히 지키는 것이 필수다. 이렇게 함으로써 아이는 부모 중 한 사람을 이용해서 다른 사람을 조종할 수 없음을 알게 된다.
- 아이가 문제를 일으키지 않은 날에는 별 스티커를 붙이는 표를 활용한다. 아이가 일정한 개수의 별을 모으면(5개 정도가 좋다) 자신의 행동에 대해서 보상받을 수 있게 해 준다. 그렇지만 현명하게 보상하라! 당신이 스스로 무덤을 파고 싶지 않다면 말이다.

> 처음에 아이를 눕힌 부모와 아이가 깼을 때 다시 침대로 데려다 주는 부모가 같아야 합니다. 아이가 부모를 조종할 수 없도록 말이죠.

문제상황 : 아이가 당신의 침대로 들어온다

아이가 당신의 침대에 들어오도록 허용할 것인지의 여부에 대해서는 큰 의견차가 있다. 어떤 사람에게는 그것이 자연스럽고 아늑한 가정생활의 일부다. 또 어떤 사람들에게는 최악의 악몽과 같다.

나는 아이가 몸이 안 좋거나 어떤 이유에서든 특별히 불안정할 때는 당신이 침대에서 편안하게 데리고 있는 것이 괜찮다고 생각한다. 주말 아침은 이러한 친밀한 행동을 하기에 이상적인 시간이다.

하지만 그것은 아이를 매일 밤 당신의 침대에서 데리고 자는 것과는 다르다. 논쟁에 부채질을 하게 될지도 모르는 위험을 무릅쓰고 나는 매일 데리고 자는 건 좋지 않은 생각이라고 말하겠다. 왜 좋지 않을까?

당신, 배우자, 아이 모두 잠귀가 어두운 사람이 아니라면 숙면을 취하기가 어려울 것이다. 어린아이들은 침대 공간을 터무니없이 차지하며―종종 가로로 누워 자기도 한다―심지어는 새벽 4시에 갑자기 이야기를 하고 싶어 하기도 한다. 또 당신의 옆구리를 날카로운 팔꿈치로 치고 다음 순간에는 발로 얼굴을 차기도 한다. 당신이 침대의 5퍼센트, 이불의 0퍼센트를 차지하게 될 때까지 꿈지락거림은 계속될 것이다. 그러다가 아이는 잠이 들고 당신은 꼼짝할 엄두도 못 낸다. 물론 당신이 따로 재울 때보다 더 잘 수 있을지는 모르지만 그렇다고 데리고 자는 것이 문제에 대한 올바른 해결책은 아니다.

- 부모는 자기들만의 공간을 필요로 한다. 최소한 자기 침대는 자기만의 공간이어야 한다. 침대에서 데리고 자는 아이는 가장 효과적인 피임약 구실을 할 것이다. 부모가 된다고 해서 부부 간의 친밀함이나 성생활에 작별을 고해야 하는 건 아니다.
- 내 경험으로 볼 때 가장 어려움에 처하는 사람은 아빠다. 아이가 부모의 침대로 기어 들어올 때 아빠는 종종 거실 소파나 비어 있는 아이 침대, 극단적인 경우에는 바닥으로 쫓겨난다. 이런 사태가 지속되면 당신의 결혼생활에 긴장의 징조들이 보이기 시작할 것이다.
- 한 아이를 침대에 들어오게 하면서 다른 아이에게는 안 된다고 할 수 없을 것이다. 마찬가지로 배우자가 없는 동안 '내 침대는 안 된다'는 규칙을 풀어 주는 엄마는 문제를 키우고 있는 것이다.
- 아이가 당신과 함께 자도록 허락하는 것은 긍정적인 선택이 아니다. 내 경험으로 보자면 그건 대체로 문제의 해결을 피하는 방편일 뿐이다.

해결방법 : 통제된 울음 테크닉과 침대에 머물게 하기 테크닉

당신이 어떤 테크닉을 선택할 것인가는 아이의 연령에 달려 있다. 아이가 밤중에 깨서 울 때마다 당신의 침대로 데려옴으로써 이 문제에 대처해 왔다면 통제된 울음 테크닉을 선택한다.(236쪽 참조) 좀 더 큰 아이가 저 혼자 일어나서 당신 침대로 들어와 밤의 침입자처럼 군다면 침대에 머물게 하기 테크닉(238쪽 참조)이 놀라운 효과가 있다. 하지만 지난 5년간 아이가 규칙적으로 당신의 침대에 들어왔다면 하룻밤 사이에 이런 패턴을 깨뜨릴 수는 없을 것이다.

문제상황 : 무서운 꿈을 꾸고 어둠을 두려워한다

아이들은 때때로 무서운 꿈 때문에 괴로움을 겪거나 어두움에 대한 두려움이 생기기도 한다. 무서운 꿈과 질병은 함께 올 때가 많으며 무서운 꿈도 예를 들어, 동생이 태어나거나 유아원에 처음 가는 날처럼 스트레스와 불안이 강해지는 시기와 관련이 있다. 그렇지만 딱히 원인을 집어낼 수 없는 경우가 더 많다. 그러나 어쩌다가 무서운 꿈을 꾸는 것과 밤이면 밤마다 꾸는 것은 다르다. 후자의 경우는 아마 우리가 이야기하고 있는 나쁜 버릇일 것이다.

해결방법 : 달래 주기와 침대에 머물게 하기 테크닉

무서운 꿈을 꾼 경우 아이에게 가거나 아이를 침대로 데려가서 달래 주고 나쁜 꿈을 꾼 것이라고 설명해 준다. 불안감이 사라질 때까지 아이와 잠시 동안 함께 있어 준다. 언제나 아이의 두려움을 진지하게 받아들이는 것이 좋다.

아이가 어두움에 대해서 두려움이 생기면 침실과 욕실에 야간등을 켜 두는 것이 아이를 편안하게 해 줄 것이다. 거실의 불을 켜 놓고 문을 약간 열어 둔다. 아이가 불을 켜고 자겠다고 당신을 설득하지 못하도록 해야 한다. 아이가 좋아하는 부드러운 장난감이 마음을 달래 줄 수도 있다.

무서운 꿈을 꾸었기 때문에 침대에서 나왔다고 거듭해서 말하는 아이는

그렇게 함으로써 당신의 감시를 피해 보려는 것일지도 모른다. 그런 아이에게는 침대에 머물게 하기 테크닉을 쓴다.(238쪽 참조)

엄마, 옷장 속에 무서운 도깨비가 있어요.

문제상황 : 일찍 일어나서 돌아다닌다

열 번 중 아홉 번은 어린아이들이 부모보다 훨씬 일찍 일어난다. 자연스러운 취침 패턴을 가지고 있으며 지나치게 피곤해지기 전에 잠자리에 든 아이들은 날이 밝자마자까지는 아니더라도 종종 상당히 이른 아침에 일어난다. 당신은 한 30분쯤 더 잤으면 하겠지만 아이는 생각이 달라서 당신의 침실에 들어와 뛰어다니며 자신이 일어났음을 알릴 것이다.

해결방법 : 침대에 머물게 하기 테크닉

어린아이를 둔 부모로서 늦잠을 자는 것은 당분간은 어렵다는 사실을 받아들여야 한다. 아이가 잘 자고 있다면 당신도 충분한 휴식을 취해야 하며 아침에 일찍 일어나는 것이 몸에 무리가 가지 않도록 당신의 일과를 조절할 수 있어야 한다. 한편 조금 일찍 일어나는 아이도 있지만 꼭두새벽에 일어나는 아이도 있다. 아이가 그렇게 일찍 일어난다면 당신은 아이를 다시 재우지 못할 가능성이 높다. 그럴 때는 아이를 자기 침대로 데려다 주고 너무 이른 시간이므로 당신이 일어날 때까지 자신의 방에서 조용히 놀고 있으라고 이야기해 준다. 이 방법은 당신이 받아들일 수 없는 시간에는 올 수 없게 한다는 점에서 침대에 머물게 하기 테크닉과 유사하다.(238쪽 참조)

내 이럴 줄 알았어.
-엄마의 꿀잠

아침까지 편히 자기

슈퍼내니의 10가지 으뜸 원칙

〈아침까지 편히 자기〉에 적용할 수 있는 10가지 원칙을 소개한다.

1. **칭찬이라는 상을 줘라** 취침일과의 각 단계를 순조롭게 마칠 때마다 칭찬해 준다. 아이가 도와주고 참여한 데 대해서 칭찬해 준다. 아이가 잠들기 직전에 그날 잘했던 일들을 이야기하며 칭찬해 준다.

2. **일관성을 유지하라** 아이의 양육에 참여하는 모든 사람들이 동일한 규칙을 따르도록 한다. 부모 중 아이를 재운 쪽이 아이가 도중에 깨거나 일어났을 때도 돌봐 주도록 한다. 주말 아침에 아이를 당신의 침대에 끼고 누워 있는 것은 괜찮지만 다른 때는 그렇게 하지 않도록 한다.

3. **일과표를 만들어서 지켜라** 취침일과를 준수한다. 흐지부지되지 않게 하고 서두르지도 않아야 한다. 텔레비전을 보느라 예외를 만들어서는 안 된다.

4. **허용되는 경계를 설정하라** 정해진 취침시각과 취침일과는 당신이 주도권을 가지고 있음을 아이에게 분명히 알려 준다. 아이가 자기 침대에서 자도록 하는 것도 같은 메시지를 전해 준다. 이러한 경계는 당신 부부만을 위해서 마련된 시간과 장소가 있음도 분명히 해 준다.

5. **단호하고 공정하게 통제하라** 점진적 따로 자기 테크닉, 통제된 울음 테크닉, 침대에 머물게 하기 테크닉을 활용해서 잠버릇문제를 극복하도록 한다.

6. 예고와 경고를 잊지 말아라   취침일과 단계를 거치면서 다음에는 어떤 일을 하게 될지 말해 줌으로써 아이가 각 단계를 마음으로 준비할 수 있게 해 준다. 짧은 시간 제한을 설정해 놓는 것이 좋다. 당신의 목적은 권위를 지니자는 것이지 협박을 하자는 것이 아니다.

7. 구체적으로 설명하라   밤에 일어난 아이를 다시 재우려고 할 때는 설명과 논쟁을 최소한으로 줄인다. 처음 두 번은 잠자는 시간이라고 설명해 주고 그다음부터는 아무 말도 하지 않는다.

8. 절대 흥분하지 말아라   아이의 울음 소리에 너무 당황해서 2분에 한 번 꼴로 아이를 달래러 달려가지 않도록 한다. 감정의 열기를 가능한 한 식히도록 한다.

9. 성취감을 주는 활동에 참여시켜라   옷을 벗거나 욕조 마개를 빼거나 동생을 위해서 장난감을 갖다 주는 것과 같이 간단하고 쉬운 일을 맡김으로써 아이가 자신의 취침일과에 참여하도록 한다.

10. 긴장을 풀고 좋은 시간을 보내라   취침시간과 취침 직전의 시간은 진정하는 시간이다. 목욕과 취침 전에 책을 읽어 주는 것은 아이를 진정시키는 데 도움이 된다. 바람직한 취침 패턴이 자리 잡았다면 당신도 저녁시간에 최대한 쉬면서 긴장을 풀기 바란다!

06 온 가족이 좋은 시간 함께 보내기

이상적인 세계라면 당신이 가족과 함께 보내는 모든 순간이 좋은 시간이어야 한다. 그러나 현실세계에서는 그렇게 되기가 어려울 것이다. 자녀를 양육하는 일은 보람 있지만 힘든 일이다.

당신은 육아가 재미있는 일이 되도록 모든 기회를 활용해야 한다. 당신이 경계를 설정하고 그걸 지켜 나간다면 육아를 어쩔 수 없는 고된 일로 여기기보다는 아이와 함께하는 시간을 좀 더 즐길 수 있게 될 것이다. 즐기는 것이 중요하다. 이 시기는 사실 너무 빨리 지나가 버리는 소중한 시기다.

좋은 시간이란 모든 가족 즉, 어린아이뿐 아니라 엄마, 아빠, 오빠, 동생 모두 자신이 원하는 것을 얻는 시간을 의미한다. 모든 사람이 개별적인 관심을 받고 자신만의 쉬는 시간을 가질 수 있으려면 약간의 요령과 계획이 필요하다.

부모 노릇을 해야 하는데 당신의 정신적, 정서적, 신체적인 여력이 바닥났을 때는 다른 사람에게 아무것도 나누어 줄 수 없을 것이다. 올바른 일을 하는 것과 순교자가 되는 것 사이에는 미묘한 경계선이 있다. 당신이 자신과 부부관계를 돌보지 않는다면 결국에는 다른 모든 것들도 영향을 받게 될 것이다.

우리의 부모님과 조부모님 시절에는 부모가 모두 일하는 경우가 드물었고 편부, 편모 가정도 흔치 않았다. 오늘날은 이런 유형의 가족이 점차 늘고 있다. 그건 어쩔 수 없는 현실이다. 일하는 엄마와 편부, 편모는 언론에서 좋은 이야깃거리가 된다. 그냥 무시하자. 당신은 아이를 실패로 이끌어서도 안 되고 당신 자신을 죄책감에 빠지게 해서도 안 된다. 당신이 필요로 하는 지원을 얻어서 활용하고 긴장을 풀어서 지치지 않도록 한다.

그래, 나는 슈퍼우먼도 순교자도 아니야.

온 가족이 좋은 시간 함께 보내기 249

지원 네트워크 만들기

육아와 관련된 많은 스트레스는 비현실적인 기대에서 비롯된다. 완벽한 부모는 없다. 그리고 다른 부모가 무슨 이야기를 하든 완벽한 아이도 없다. 어떤 사람들은 자기 아이 이야기를 할 때마다 아이가 무엇을 할 수 있고 얼마나 빨리 그것을 했는지 자랑하려고 한다. 그런 사람들 때문에 자신이 부족하다는 생각을 해서는 안 된다. 그런 부모들이 완전히 진실만을 이야기한다면 자신들이 갖고 있는 문제점도 당신에게 털어 놓을 것이다.

오늘날처럼 사람들이 많이 이동하지 않았던 과거에는 대부분의 가족들이 친구나 친척처럼 신뢰하고 평생을 알아 왔던 사람들로 이루어진 자연스러운 지원 네트워크에 속해 있었다. 지금처럼 보모나 기타 아이를 돌보는 유료서비스에 의존하지는 않았겠지만 그들도 때로는 한숨 돌리기 위해서 친척 아주머니나 할머니의 도움을 받았을 것이다.

당신도 혼자서 다 할 수는 없다. 도움을 받는 것은 실패했다는 것이 아니라 당신이 능력 있다는 표시다. 당신이 일하는 부모든 그렇지 않든 자녀 양육은 방대하고 조직적인 일이다. 누구나 때로는 다른 사람의 지원에 의존할 필요가 있다.

아기를 분만하기 위해 병원에 가거나 이사를 하는 것처럼 분명한 긴급상황에만 당신에게 도움이 필요한 것은 아니다. 도움은 응당 필요한 일이다. 부모는 아이가 생겼다고 해서 자신의 정체성이나 가정 밖에서의 흥미를 포기해서는 안 된다. 부모 두 사람 모두 자신을 위한 일을 하거나 성인으로서 함께 나눌 시간이 필요하다.

그럴 때 믿을 만한 보모를 구해서 도움을 받도록 한다. 어린아이가 있는 다른 가족과 함께 아이들을 돌보는 그룹을 만드는 것도 좋다. 친정어머니께 주말에 아이 좀 봐 달라고 부탁할 수도 있다. 오늘날 우리는 전처럼 친밀하게 엮인 공동체 안에서 살고 있지는 않지만 그래도 도움을 줄 사람을 모을 방법은 충분히 있다.

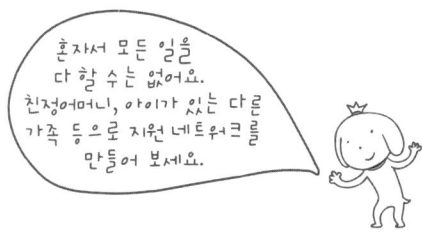

혼자서 모든 일을 다 할 수는 없어요. 친정어머니, 아이가 있는 다른 가족 등으로 지원 네트워크를 만들어 보세요.

엄마 스스로를 돌보기

직장에서 당신은 보너스도 받고 승진도 한다. 그와 마찬가지로 당신은 마사지, 미용, 영화 관람, 쇼핑, 외식, 친구들과의 저녁식사 같은 월례 특별대우를 스스로에게 허용해 주어야 한다. 당신도 다른 가족처럼 자신만의 욕구가 있으며 당신이 그런 욕구를 스스로 돌보지 않는다면 공허함을 느끼게 될 것이다. 좋은 시간을 갖는 것은 선택이 아니라 필수다.

아기가 태어나고 처음 몇 개월간은 특별한 적응기간으로 기복이 심할 것이다. 산후우울증이 찾아올지도 모르므로 스스로를 돌볼 필요가 있음을 인식해야 한다.

당신이 운동선수라면 경기에 참가하기 위해서 트레이닝을 받는 것이 당연하다. 식사도 유의해야 할 것이다. 직장에서 중요한 회의나 발표가 있다면 당신은 미리 준비할 것이다. 부모가 된다는 것은 어떤 일 못지않게 중요한 것이고 당신은 자신의 정신적, 정서적, 신체적 웰빙을 소홀히 해서는 안 된다. 수면 부족을 참기만 해서는 안 된다. 집에만 묶인 채 고립되어서도 안 된다. 신문을 읽거나 편하게 책을 읽는 것이 불가능해져서도 안 된다. 물론 당신은 많은 희생을 하게 되겠지만 부모가 된다는 것이 순교자의 길을 가는 것은 아니다. 양육은 여러 가지 요구들을 충족시켜 주는 일이며 거기에는 당신의 요구도 포함되어 있다.

이와 같은 사실들은 아이를 돌보기 위해서 일을 그만둔 부모에게도 중요하지만 직업을 가진 편부나 편모에게는 더욱더 중요하다. 아이와 함께 집에 있을 수 없다는 죄책감에 시달려서 자신의 생활을 완전히 포기하는 일이 없도록 한다. 당신에게는 아이를 돌보아 주는 보모나 가족이 있고 아이가 유아원이나 학교에 다닌다면 아이는 아이에게 필요한 것을 얻고 있는 것이다. 당신은 직장에서 돌아온 저녁시간이나 주말에 아이와 좋은 시간을 보내면 된다. 그리고 평정을 유지하려면 당신에게는 자신만을 위한 시간도 필요하다.

아, 옛날이여!

엄마, 아빠와의 일 대 일 시간 만들기

식사와 취침으로 정해진 시간 이외에 정해 놓은 일과의 핵심 기능은 아이들이 엄마, 아빠 두 사람 모두에게서 개별적인 관심을 받게 하자는 데 있다. 이것은 취침일과를 교대로 함으로써 쉽게 실천할 수 있다. 어느 날 밤에는 아빠가 여섯 살짜리 아이를 재우고 엄마는 동생을 씻겨서 재울 차례다. 다음 날은 바꿔서 한다. 주말에도 변화를 줄 수 있다. 엄마가 열한 살짜리 아이를 데리고 쇼핑을 가고 아빠와 네 살짜리 동생은 함께 세차를 한다. 당신이 항상 같은 역할만 하지 않도록 일을 교대하는 것이 좋다.

요구가 아주 강한 아이는 형이나 누나에게 가야 할 관심을 가로채는 습성이 있다. 설령 큰아이가 불평을 하지 않더라도 그냥 받아들이고 있다고 오해하면 안 된다. 큰아이에게도 당신의 관심이 필요하다. 그 아이들도 숙제를 할 때 도움이 필요하고 학교에서 일어난 일을 이야기하고 충고나 격려를 받을 기회가 필요하다. 그 아이들은 혼자서 신발 끈을 묶고 목욕을 할 수 있지만 그래도 여전히 여러 면에서 당신을 필요로 한다. 부모에게서 일 대 일 관심을 받는 것은 필수적이며, 당신은 동생에게 주는 관심과 동일한 관심을 큰아이에게도 주어야 한다.

형제 간의 시샘에 대처하기

좋은 시간을 보내는 데 가장 큰 걸림돌은 형제 간의 시샘이다. 이것은 거의 모든 가정에서 일어나는 일이다. 아이들 간의 터울은 두 살인 경우가 가장 많다. 내가 당신에게 아이를 몇 년 터울로 낳으라고 충고할 수 있는 입장은 아니지만 서너 살 터울인 경우보다 두 살 차이가 날 때 형제 간의 시샘이 가장 강렬하다. 만 서너 살짜리 큰아이도 여전히 질투를 느끼지만 이제 막 유아기에 접어드는 아이보다는 좀 더 잘 이해할 가능성이 높다.

변화에 대해 준비시킨다

당신의 배가 불러 오는 모습만으로는 아기가 태어날 것이라는 사실을 정확히는 알지 못하겠지만, 아이는 당신이 동생을 보게 될 것이라고 말해 주기 전에 미묘한 변화를 느낄 것이다. 당신이 평소보다 피곤해하거나 몸이 좋지 않다는 사실에서 알아차릴 수도 있다.

아이가 당신의 불러 오는 배에 대해서 물으면 소식을 전할 기회로 포착해서 새로운 가족구성원에 대해 이야기해 주고 준비시키는 것이 좋다. 그렇지 않다면 6개월 정도가 될 때까지 그냥 지내는 것도 좋다. 어린아이에게는 시간이 아주 천천히 흘러간다. 3개월은 준비하기에 충분한 시간이지만 기다리기에 너무 긴 시간은 아니다.

아이에게 당신의 불룩한 배를 만져 보게 한다. 태아가 발길질하는 것을 느껴 보게 한다. 지나치게 흥분되는 분위기를 조성하지 않도록 한다. 대부분의 아이들은 당신의 관심을 새로운 동생과 나누기보다는 독점하고 싶어 한다. 아이에게 동생을 얼마나 사랑하게 될 것인지 말해 주는 것보다 아이가 의젓한 형이나 누나가 되어서 당신에게 큰 도움이 될 것이라고 알려 주는 것이 낫다. 아이에게 동생이 태어난 후에 함께 무엇을 할 것인지 계속 이야기해 준다. 좀 이상하게 들릴지 모르지만 어린아이는 동생이 생기면 가족이 늘어나는 것이 아니라 교체되는 것이라고 생각하는 경향이 있다. 아이가 동생이 태어나는 것에 대해서 불안해하는 것은 '나는 어떻게 되는 거지? 나도 여기서 계속 살게 되는 걸까?'라는 생각을 하고 있기 때문이다.

당신의 아이는 출산이 어떻게 이루어지는지에 대해서도 궁금해한다. 아이가 감당할 수 있는 내용 이상의 정보는 주지 말고 아이가 당신에 대해서 걱정하게 만들 것 같은 이야기는 하지 않는 것이 좋다.

그날이 오면…

당신이 병원에 있는 동안 아이가 잘 따르는 사람이 아이를 돌봐 줄 수 있도록 계획한다. 시간을 딱 맞추기가 어려울 수도 있지만—당신은 진통이 시작된다는 가짜 경고를 여러 차례 받을 수도 있다—융통성 있게 계획을 세우고 아이에게 어떤 일이 일어날 것인지 설명해 준다. 그리고 아이에게 몇 가지

저것이 나랑 '교체'되는 건 아니겠지?

출산 직후 큰아이를 만날 때 야단법석을 떠세요. '형'이 되는 것을 축하하는 카드와 선물을 준비하세요.

선물을 준비한다. 아이에게 '형'이 되는 것을 축하하는 카드를 마련한다.

　출산 직후 처음으로 큰아이를 만날 때 야단법석을 떨어라. 아이를 완전히 참여시키자는 것이 이러한 소란의 핵심 취지다. 아이는 당신을 보고 싶어 했고 걱정도 했을 것이며 감정으로 벅차 있을 것이다. 아이는 크나큰 사건을 경험하고 있는 것이다. 아이에게 선물을 주고 많은 관심을 준다. 새로 태어난 아기에게 너무 몰두해서 큰아이에게 신경 쓰지 못하면 안 된다. 아기를 안아 보게 해 준다. 그리고 잘 안았다고 많이 칭찬해 준다. 지금은 아이들에게 동등한 관심을 주겠다는 방침을 실천할 때가 아니다. 현재로서는 큰아이에 관한 한 그 아이가 전부인 것처럼 대해 주어야 한다.

그리고 그 이후

아이는 당신이 동생에게 관심을 줄 때 말썽을 피움으로써 질투심을 표현한다. 시샘을 하는 아이는 전혀 관심받지 못하는 것보다는 못된 행동을 해서 부정적인 관심이라도 받는 것이 더 좋다고 여긴다.

　참여 테크닉(92쪽 참조)은 아이를 당신이 하고 있는 일에 참여시킴으로써 부정적인 관심을 긍정적인 관심으로 대체하는 방법이다. 아이에게 물건을 건네달라고 부탁하고 칭찬해 준다. 아이에게 계속해서 말을 걸고 당신이 하고 있는 일을 설명해 준다. 아이의 착한 행동을 알아봐 준다. 참여 테크닉을 활용하면 큰아이도 동생과 동시에 관심을 받게 된다.

　많은 아이들이 동생이 태어나면 퇴행행동을 보인다. 다시 옹알이를 하거나 오줌을 싸는 등 대체로 제 나이보다 어린 행동을 하게 된다. 참여 테크닉은 이런 행동이 오래 지속되지 않게 해 주는 좋은 방법이다. 의젓하게 행동했다고 칭찬을 많이 해 준다. 그렇게 함으로써 아이는 시간을 되돌리면 많은 것을 얻을 수 있다는 생각을 하지 않게 될 것이다.

함께 놀기

두 명의 유아는 함께 놀 능력이 없다. 당신이 터울이 별로 지지 않는 두 아이를 키운다면 대부분의 시간을 아이들을 떼어 놓거나 주의를 분산시키거나 서로 머리통을 때리지 못하도록 막는 데 보내는 시기가 있을 것이다.

아이가 조금 크면 '함께 놀기'를 가르칠 수 있다. 큰아이가 게임을 선택해서 이끌게 함으로써 그 아이가 주도권을 가지고 있다는 느낌을 갖게 한다. 아이가 책임감을 갖도록 함으로써 더 잘 행동하도록 격려하는 것이다. 동생에게 게임을 하는 방법이나 장난감을 가지고 노는 방법을 보여 주라고 큰아이에게 맡겨 본다.

계속되는 싸움

사소한 다툼은 무시한다. 당신이 언제나 구조대원으로 달려가지만 않는다면 아이들은 스스로 해결하는 방법을 배우게 된다. 누가 시작했는지, 누가 잘못했는지를 밝혀내려고 하지 않는다. 둘이 싸운다면 둘 다 잘못이 있는 것이다.

만약 한 아이가 다른 아이를 일방적으로 공격하고 정말 격렬한 행동이 일어난다면 즉시 조처를 취한다. 심술자리 테크닉(98쪽 참조)을 활용하고, 그 방법이 효과가 없으면 격리 혹은 무관심 테크닉(103쪽 참조)을 써 본다. 다치게 하거나 피해를 주는 행동은 용납하지 않는다는 사실을 분명히 전달한다.

부부만의 시간

나는 〈슈퍼내니〉 프로그램에서 2년 반 전에 아이가 태어난 이후로 둘만의 오붓한 저녁시간을 가져 보지 못한 부부에게 '숙제'를 내 주었다. 그 숙제는 저녁에 함께 외출을 하라는 것이었다. 2년이라는 시간은 부부가 자신들만의 좋은 시간을 보내지 않고 지내기에는 긴 시간이다. 관계는 보호를 받아야 하며 그 말은 부부가 아이가 아닌 다른 일에 대해서도 함께 이야기하는 성인들만의 시간을 가져야 한다는 뜻이다. 때때로 두 사람만 주말여행을 떠나 본다. 집을 떠나기 싫다면 아이를 친척 집에 맡기고 두 사람만 집에서 저녁을 보내는 것도 한 방법이다. 그건 이기적이거나 태만한 것이 아니라 부부가 애초에 함께 살게 되었던 이유를 상기시켜 주는 중요한 방편이다.

자신들만의 혹은 혼자만의 좋은 시간을 규칙적으로 보내는 부모들이 아이를 대하는 방법에서 일관성을 유지하기도 훨씬 쉽다. 의사소통의 길이 언제나 열려 있고 그냥 엄마, 아빠로서가 아니라 아직도 부부로 지내고 있기 때문에 연합전선을 펴는 게 훨씬 자연스럽다. 그리고 한 사람이 매일 밤 취침일과를 도맡아서 하지 않고 교대로 하는 등 육아의 부담을 나누는 방법을 찾기도 더 쉬워진다. 한 사람만 과로할 때는 원망하는 마음이 쌓이게 된다. "나 혼자 일주일째 아이를 재우고 있잖아!" 그리고 그럴 때 일관성이 깨지게 된다. 그런 상태가 지속되면 부모는 각자가 아이를 서로 다르게 다룸으로써 의견 차이를 표출하게 되고 그렇게 되면 사태는 악화되기만 할 뿐이다.

가족끼리 누리는 즐거움

가족끼리 즐거운 시간을 보내도록 노력한다. 외출이나 소풍이 될 수도 있다. 바닷가에서 휴가를 보내거나 비가 오는 일요일 오후에 보드게임을 할 수도 있다. 한 번쯤은 해야 할 일을 잊어도 좋다. 언젠가는 할 일을 마치게 될 테니. 훗날 당신이 되돌아볼 때 일주일 동안 침대 시트를 갈지 않았다는 사실은 기억하지 못할지라도 공원에서 연을 날리던 특별한 날은 생생히 기억할 것이다.

아이들과 함께하는 삶을 즐기자!

슈퍼내니의 10가지 으뜸원칙

〈온 가족이 좋은 시간 함께 보내기〉에 적용할 수 있는 10가지 원칙을 소개한다.

1. **칭찬이라는 상을 줘라** 칭찬과 관심이 최고의 상이다. 동생이 태어날 때는 큰아이에게 특별한 선물과 카드를 준다. 그렇게 하면 아이가 참여하고 있다고 느끼는 데 도움이 될 것이다.

2. **일관성을 유지하라** 두 사람이 부부로서 충분한 시간을 함께 보낼 때 육아에서도 일관성을 유지하기가 쉽다. 가끔 부부끼리 주말여행을 가거나 규칙적으로 밤에 외출하는 것이 좋다.

3. **일과표를 만들어서 지켜라** 매일 아이들 각자가 부모 모두에게서 일 대 일로 관심을 받을 수 있도록 일과를 계획한다. 이러한 '특별한' 시간을 의식적으로 마련한다. 부모가 집안일도 교대로 할 수 있도록 계획한다.

4. **허용되는 경계를 설정하라** 아이들도 당신이 혼자만의 또는 부부로서 좋은 시간을 가질 필요가 있다는 사실을 존중하도록 가르친다. 형제 간의 지나친 시샘을 방지할 수 있도록 분명한 규칙들을 세운다.

5. **단호하고 공정하게 통제하라** 필요하면 야단을 쳐서라도 당신의 규칙들을 뒷받침한다. 공격적인 행동이나 지속적인 싸움에 대해서는 심술자리 테크닉을 활용한다. 전투하는 아이들을 뜯어말릴 각오를 늘 하고 있다.

6. **예고와 경고를 잊지 말아라** 버릇을 들일 때 말로 하는 경고는 필수적이다. 그것은 아이가 자신의 행동을 스스로 수정할 수 있는 기회를 준다. 공격적인 행동이나 싸움에 대해서 경고 없이 야단부터 치면 안 된다.

7. **구체적으로 설명하라** 동생이 태어나는 데 대비해서 큰아이를 준비시킨다. 큰아이를 충분히 안심시켜 주고 아이가 걱정할 만큼 너무 많은 정보를 주지 않는다.

8. **절대 흥분하지 말아라** 작은 싸움에 지나치게 반응하지 않는다. 자신이나 상대방을 다치게 할 위험만 없다면 아이들이 스스로 해결하도록 둔다.

9. **성취감을 주는 활동에 참여시켜라** 질투심을 가라앉히기 위해서 참여 테크닉을 사용한다. 칭찬을 많이 해 준다. 큰아이가 동생과의 게임을 주도할 수 있게 해 준다.

10. **긴장을 풀고 좋은 시간을 보내라** 당신이 지치거나 지나치게 부담을 느끼지 않도록 한다. 도움을 받고 자신을 돌보는 것을 당연하게 생각한다. 가족끼리 즐길 시간을 마련한다.

아이버릇 명쾌하게 잡아주는 슈퍼내니 따라하기

1판 1쇄 펴냄 | 2006년 8월 15일
1판 3쇄 펴냄 | 2009년 9월 30일

지은이 | 조 프로스트
옮긴이 | 오혜경
펴낸이 | 노미영

펴낸곳 | 마고북스
주소 | 서울시 마포구 서교동 458-20 푸른감성빌딩 2층
전화 | 02-523-3123
팩스 | 02-523-3187
전자 우편 | magobooks@naver.com
등록 | 2002. 1. 8 제22-2083호

ISBN 89-90496-29-2 13590
ⓒ 마고북스, 2006

값은 뒤표지에 있습니다.